Horst-Dieter Czembor

Willkommen am heiligen Ort

Horst-Dieter Czembor

Willkommen am heiligen Ort

Wallfahrtsorte im Erzbistum Paderborn

Bibliografische Information der Deutschen Nationalbibliothek

Die deutsche Nationalbibliothek verzeichnet diese Publikation in der Deutschen Nationalbibliografie;
detaillierte bibliografische Daten sind im Internet über http://dnb.ddb.de abrufbar.

Cover-Gestaltung: Dipl.-Grafikerin Karin Cordes
Layout: Sabine Pelizäus
Fotos, soweit nicht anders vermerkt: Horst-Dieter Czembor

© 2014 by Bonifatius GmbH Druck · Buch · Verlag Paderborn

ISBN 978-3-89710-603-1

Gesamtherstellung:
Bonifatius GmbH Druck · Buch · Verlag Paderborn

Bewegung ist Erneuerung

„Wenn Ihnen kalt wird, rücken Sie doch näher zusammen oder stehen Sie auf und gehen umher, das wirkt. Bewegung ist eine Kraftquelle, sie erwärmt Körper und Geist. Und wenn Sie durch den Klostergarten gehen um warm zu werden, zeigen Sie damit auch deutlich, dass unsere Gemeinde nicht stillsteht, sondern eine Gemeinschaft ist, die sich bewegt und dadurch etwas bewegen will", ermunterte Bruder Klaus, Franziskaner, Gemeindepfarrer und Kloster-Guardian in einer Person, seine Zuhörer. Sein Publikum waren die Besucher des Festhochamtes, das aus Anlass des 111. Jahrestages der Weihe der Dortmunder Franziskanerkirche im Sommer 2013 im romantischen Klostergarten stattfand. Bei gar nicht so freundlichem Sommerwetter.

Bruder Klaus brachte mit seiner Empfehlung Christen in Bewegung: Die eine Hälfte bewegte sich, indem sie näher zusammen rückte, die andere Hälfte machte sich auf den Weg ... und wurde beim Gehen warm. Der Priester hatte mit seinen geschickt formulierten Worten den Urinstinkt der Menschen geweckt, sich für ein bestimmtes Ziel auf den Weg zu machen, sich zu bewegen.

Mit „bewegten Christen", egal ob mit Wallfahrern oder Pilgern, hatte Bruder Klaus lange Jahre als Leiter des Franziskaner-Klosters in Werl, der „westfälischen Wallfahrtshauptstadt", engen Kontakt gehabt. Und aus Gesprächen mit ihnen viel gelernt. Und diese gesammelten Erfahrungen gibt er heute, bewusst und unbewusst, weiter: „Eine Gemeinde muss sich bewegen, wenn sie etwas bewegen will ... ".

Wallfahrt - Wallfahrtsort - Was ist das?

Wallfahrt? Was ist das? Es muss sich dabei um eine aktive Beschäftigung handeln, die in Ruhestellung nicht vorstellbar ist. Kurz: Wallfahrt ist Bewegung und kommt von dem Wort „wallen", das einen schnellen Gang voraussetzt und „wallende Gewänder" erst möglich macht. Begrifflich könnte eine Wallfahrt aber auch eine Fahrt zu einem Ort sein, der von Wällen eingeschlossen ist. Oder ein Rundgang auf einem Wall, der einen Ort umgibt. Tatsächlich aber ist eine Wallfahrt im christlichen Sprachgebrauch ein zu Fuß durchgeführter „Spaziergang" allein oder zu mehreren, der zu einem Wallfahrtsort führt. Als solcher wird eine Stelle auf dieser Erde angesehen, die „heilig" im engeren Sinne ist. Ein Ort, an dem Wunder geschehen oder ein Ort, an dem Reliquien (Erinnerungsstücke) von Persönlichkeiten, meist von Heiligen oder selig gesprochenen verdienten Christenmenschen, aufbewahrt werden, die eine besondere Beziehung zu Gott hatten. Und die deswegen besonders verehrt werden, weil sie sich beim himmlischen Vater für andere stark machen können.

Wallfahrtsorte können aber auch Quellen sein, deren Wasser heilende Fähigkeiten nachgesagt werden ... und an deren Heilkraft seit Generationen ganz fest geglaubt wird. Das beste Beispiel dafür ist Lourdes, wohin seit über 150 Jahren Millionen von Gläubigen in organisierten Wallfahrten ziehen.

Die Sehnsucht, Gott an heiligen Stätten nahe zu sein und zu suchen, ist der eigentliche Anlass für eine Wallfahrt. Die christliche Wallfahrt hat ihre Wurzeln bereits im Judentum. Drei Mal im Jahr fand in Israel eine Wallfahrt zum Tempel in Jerusalem statt. Im Neuen Testament steht, dass auch Jesus dorthin gepilgert ist. – Hier wird das Wallfahren dem Pilgern gleichgesetzt, was begrifflich vom Inhalt her aber nicht ganz richtig ist. – Der Tempel in Jerusalem war ein Ort, der für den jüdischen Glauben wichtig war. Im Christentum wurden später in erster Linie die Gräber der Apostel zu Wallfahrtsorten, beispielsweise Santiago de Compostela, wo das Grab des heiligen Jakobus zu finden ist, oder Rom mit dem Grab des heiligen Petrus, direkt unter der Kuppel des Petersdoms. Aber auch andere Orte mit Reliquien wurden zu Wallfahrtsorten, so zum Beispiel Köln, wo im Dom die Gebeine der Heiligen Drei Könige ruhen.

Wie wird eine Stadt zum Wallfahrtsort?

Um es vorab zu sagen: Eine offizielle Anerkennung als Wallfahrtsort gibt es nicht, weder von staatlicher noch von kirchlicher Seite.

Durch die Eigenschaften, die im vorigen Absatz angerissen wurden, kann ein Ort zum Wallfahrtsort weden. Wenn er als heilig von einer Mehrheit der Gläubigen angesehen wird, wenn an ihm oder in seiner Nähe irgendwelche Erscheinungen mit biblischem Hintergrund vorgekommen sind oder wenn Quellen, Bäche oder gar Flüsse „Heilwasser" führen, von deren Wirkung die Leute, die diesen Ort besuchen, überzeugt sind. Nicht selten sind es Orte, an denen mehrere dieser Eigenschaften zusammentreffen. Wenn also in der Nähe eines Gotteshauses, in dem Reliquien eines Wundertäters aufbewahrt werden, eine oder mehrere Quellen entspringen, deren Wasser Heilkräfte für die Gläubigen besitzt. Paderborn ist ein Beispiel hierfür und nach landläufiger Definition ist Bad Lippspringe ebenfalls ein Wallfahrtsort, denn in seiner Friedenskapelle wurden Reliquien von zwei Persönlichkeiten beigesetzt, denen das kleine Gotteshaus gewidmet ist. Und Bad Lippspringe ist als Stadt der Quellen bekannt, wo - staatlich anerkannt - Heilwasser aus der Erde sprudelt ...

Wandern = pilgern = wallfahren?

Alle drei Begriffe haben gemeinsam, dass sie Bewegung zum Inhalt haben. Der Wanderer will von einem Ort zum anderen zu Fuß gehen, dabei die Natur genießen und außerdem noch etwas für seine Gesundheit tun. Der Pilger hat dieselben Vorsätze, will darüber hinaus aber ganz viel für seine geistige Gesundheit vollbringen, die Beziehung zu seinen Mitmenschen vertiefen und sein Verhältnis zu seinem Herrgott ins Reine bringen. Außerdem möchte er auf seinem Pilgerweg eventuell Buße tun für etwas, das er getan oder nicht getan hat, das ihm als Unrecht erscheint. Oder er nimmt den langen entbehrungsreichen Weg auf sich, um Gott zu bitten, ihm einen langgehegten Wunsch zu erfüllen. Nicht umsonst heißt es wohl, dass „Pilgern das Beten mit den Füßen" ist ... Wallfahren ist ganz nah beim Pilgern anzusiedeln, weshalb beide Begriffe sich oft überschneiden und verwischen. In alten Berichten heißt es, dass „die bekanntesten Wallfahrtsorte von Pilgern zu bestimmten Zeiten nur so überrannt wurden." Sicherlich haben Pilger und Wallfahrer vieles gemeinsam, doch sie unterscheiden sich in einem Punkt wesentlich: in den angestrebten Zielen.

Unterschiedliche Ziele

Für Wallfahrer ist der Wallfahrtsort das eigentliche Ziel. Dort angekommen, steht meistens eine Messe auf dem Wallfahrtsplan und anschließend geht es zurück zum Heimatort. Für Pilger ist es anders: Der Weg ist das Ziel. Diesen scheinbar "abgedroschenen" Satz musste ich mir auch vor meiner ersten Pilgerfahrt von vielen anhören, als ich mich verabschiedete. Die Bedeutung dieser Worte aber hatten sie ebenso wenig erfasst wie ich ...

200 Kilometer vor meinem vermeintlichen „Ziel", der Kathedrale in Santiago de Compostela, fing ich an, meine Tagesetappen zu verkürzen. Ich schob die Ankunft in der galizischen Hauptstadt hinaus. Als mir der Grund dafür klar wurde - ich wollte das Gefühl, auf dem Weg zu sein, verlängern - erkannte ich, dass Santiago nicht mein Ziel, sondern lediglich eine Station, allerdings eine ganz wichtige, auf meinem Pilgerweg ist. Ich nahm ab sofort wieder längere Etappen unter meine Pilgerstiefel. Denn mir wurde klar, dass mein persönlicher Pilgerweg in Santiago nicht endet, sondern eigentlich erst beginnt. Denn ich muss den einmal eingeschlagenen Weg auch im Alltag zu Hause fortsetzen, auf ihm bleiben und möglichst keine Umwege machen, mich nicht verzetteln oder umleiten lassen und konsequent in die Richtung weitergehen, die mir mein Pilgerheiliger Jakobus gewiesen hat ...

Menschen auf einer Wallfahrt – Menschen auf dem Pilgerweg

Es gibt sicherlich weder den Wallfahrer noch den Pilger. Die Menschen auf diesen Wegen, die in früherer Zeit sehr oft identisch mit den Handelsrouten waren, weil Pilger und auch Wallfahrer sich auf stärker begangenen Pfaden sicherer fühlten als auf einsamen Wegen, sind so unterschiedlich wie Menschen nur sein können. Es ist deswegen sicherlich kein Zufall, dass die in den letzten Jahren wieder neugezeichneten Pilgerwege entlang oder parallel alter Handelsstraßen wie dem Hellweg von Paderborn ins Ruhrgebiet verlaufen.

Bei einer Wallfahrt finden sich meist vor Antritt Gläubige in einer Gemeinde oder Gemeinschaft zusammen, um zu einem bestimmten Zeitpunkt einen ganz bestimmten Wallfahrtsort zu erreichen. Jung und Alt, Männer, Frauen und Kinder, Gläubige aus den unterschiedlichsten Berufen machen sich auf, um etwas Gemeinsames zu erleben. Pilger sind ebenfalls Menschen aus allen Bevölkerungsschichten, die sich manchmal auch gemeinsam auf den Weg machen, aber öfter sich auch einzeln dieser Herausforderung stellen. Denn sie scheuen oft den Gruppenzwang. Aber sie dürfen dann auf dem langen Weg erfahren, dass Gemeinschaft in vielen Situationen einfach notwendig ist ... und dass gute Gespräche den eigenen Horizont auf angenehme Art erweitern. Nicht umsonst ist auch in der Bibel in der Schöpfungsgeschichte zu lesen: Es ist nicht gut, dass der Mensch allein sei ...

Gründe für eine Wallfahrt oder eine Pilgerwanderung

Oft heißt es: Es gibt Pilger, die machen sich auf den Weg, um Gott zu finden ... und finden am Ende sich selbst. Viele machen sich aber auf den Weg, um sich selbst zu finden ... und sie finden zu Gott ...

Mir ging es bei meiner ersten Pilgerfahrt so, dass ich als eifriger Wanderer los ging und im Laufe des langen Weges zum echten Pilger wurde. Diesen Wandel haben die vielen guten Gespräche bewirkt, die ich auf den Hunderten von Kilometern mit Gleichgesinnten führen durfte, die mich erkennen ließen, weswegen ich mich tatsächlich auf die Pilgerreise begeben habe. Und vor allen Dingen, was ich wirklich zum Leben benötige. Ich habe zwei Listen erstellt. Auf der ersten stehen die Sachen, die ich brauche, von Brot über Wasser und Obst bis hin zu einer Decke, mit der ich mich nachts zudecken und gegen die Kälte schützen kann. Diese Liste ist relativ kurz im Gegensatz zu der Aufzählung der vielen anderen Sachen, auf die ich ohne in Not zu geraten verzichten kann.

Auch wurde mir klar, dass ich auf dem Pilgerweg die persönliche geistige Freiheit finden kann, wenn ich bereit bin, alles loszulassen, was mich einengt. Von bedrückenden Gedanken bis hin zu Menschen, die mir nicht gut tun. Ich musste auch einsehen, dass ich

meinen Weg nur erfolgreich gehen kann, wenn ich ihn für mich gehe und wenn ich ihn allein bewältige. Es ist unnütz und für mich belastend, wenn ich versuche, den Weg mit einem anderen zu gehen, der ebenfalls seinen Weg gehen muss und mich dadurch unbeabsichtigt behindert. Ich habe gelernt, dass meine persönliche Freiheit groß, aber nicht grenzenlos ist. Sie endet nämlich da, wo die Freiheit des anderen Menschen an fängt. Und es gibt wohl nichts Schlimmeres, als wenn zwei Freiheiten sich gegenseitig auf einem Pilgerweg ins Gehege kommen ...

Dasselbe gilt sicherlich auch für Wallfahrer. Womit nicht ausgeschlossen wird, dass sich während einer Wallfahrt auf dem Weg zum gemeinsamen Ziel Gespräche mit Mitwallfahrern oder anderen Pilgern ergeben können, die sich gegenseitig geistig befruchten und den gemeinsamen Weg zu einem unvergesslichen Glaubenserlebnis machen.

Die Gründe, auf eine Wallfahrt oder Pilgerreise zu gehen, sind so unterschiedlich wie die Menschen, die sie unternehmen. Bei Wallfahrten dürften Glaubensgründe im Vordergrund stehen, während bei Pilgerreisen spirituelle und christliche Gründe ausschlaggebend sein können. Aber manche Pilger machen sich auch aus sportlichen Erwägungen auf den Weg, ziehen sich die Pilgerstiefel an und bemerken dann auf dem Weg in sich eine wunderbare Wandlung ... vom Wanderer hin zum Pilger ...

Was gehört in den Rucksack eines Wallfahrers?

Regenbekleidung (Regenjacke und -hose), Handtuch, 1 Paar Socken zum Wechseln, T-Shirt mit langem Arm, Kopfbedeckung gegen Sonne und Regen, Sonnencreme, Seife, Kamm, Sandalen, Schuhputzzeug - ein Wallfahrer geht nicht mit schmutzigen

Schuhen in die Wallfahrtskirche! - und ein Wallfahrtsliederbuch. Fotoapparat und Handy (nur im Notfall zu benutzen) sollten am Körper getragen werden.

Hinzu kommt die Verpflegung, die jeder Wallfahrer für sich selbst bestimmen muss. Wichtig: Mindestens ein Liter Wasser muss dabei sein...

Zu diesem Buch:

Auf den folgen Seiten wird der Leser viele wohlbekannte Wallfahrtsorte finden. Es sind aber auch Städte und Dörfer aufgeführt, die vielen nicht unbedingt als „heilige Orte" geläufig sind. Außerdem gibt es bestimmt einige wenige Stätten, die in die Begriffsbestimmung „Wallfahrtsort" genau hineinpassen, obwohl sie auf ihre Entdeckung durch Wallfahrer noch warten, aber hoffentlich nicht mehr allzu lange nach dem Erscheinen dieses Buches. Noch ein wichtiger Hinweis: Die Reihenfolge der Wallfahrtsorte ist keine Wertung, sondern erfolgte nach dem Alphabet. Einzige Ausnahme: Werl steht wegen seiner überregionalen Bedeutung an erster Stelle.

Inhalt

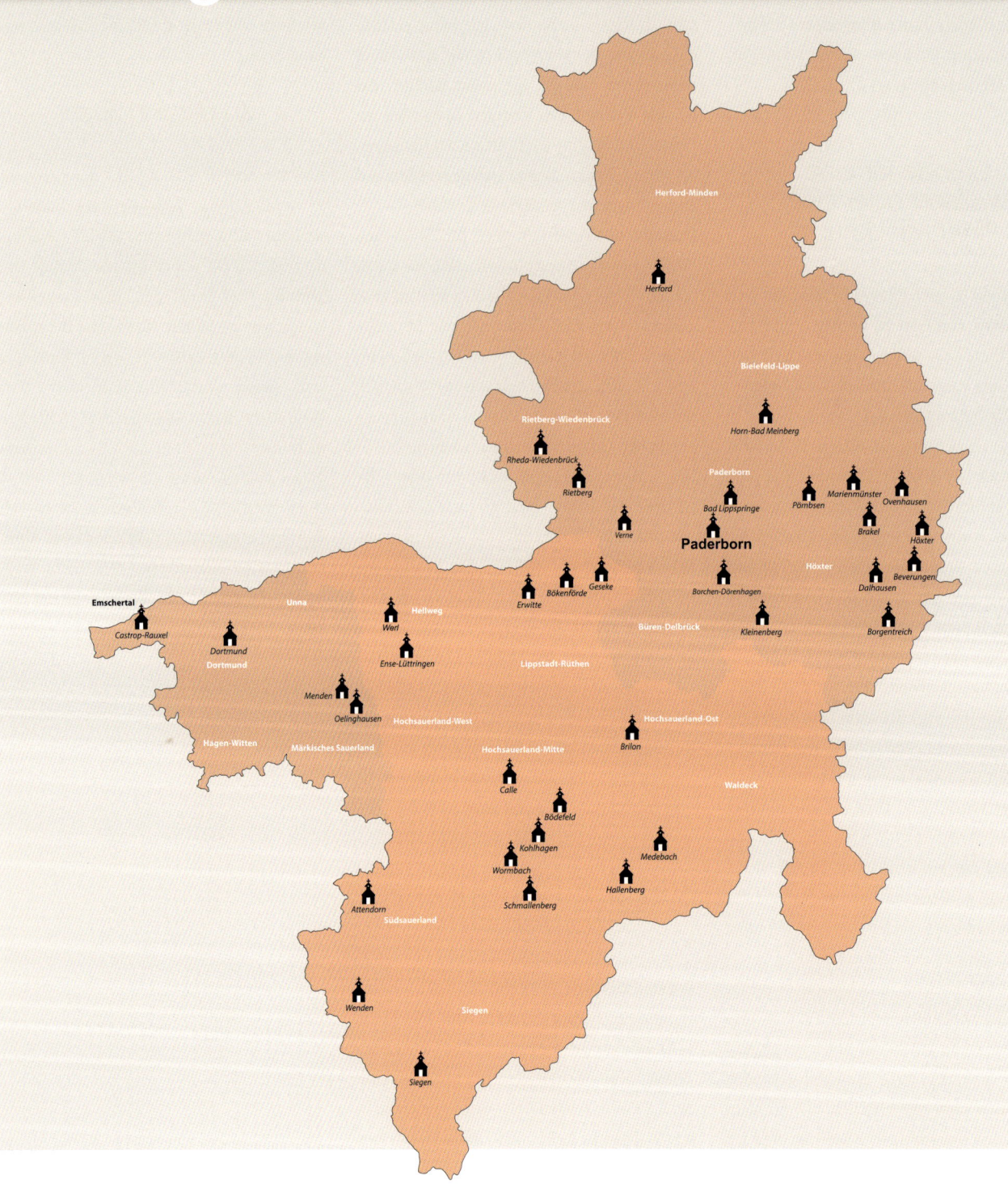

Herford-Minden

Herford

Bielefeld-Lippe

Rietberg-Wiedenbrück

Horn-Bad Meinberg

Rheda-Wiedenbrück

Paderborn

Rietberg

Pömbsen   Marienmünster   Ovenhausen

Bad Lippspringe

Brakel

Verne

Paderborn

Höxter

Beverungen

Geseke

Höxter

Borchen-Dörenhagen

Dalhausen

Emschertal

Unna

Bökenförde

Erwitte

Hellweg

Büren-Delbrück

Kleinenberg

Borgentreich

Castrop-Rauxel

Werl

Dortmund

Ense-Lüttringen

Lippstadt-Rüthen

Dortmund

Menden

Hochsauerland-Ost

Oelinghausen

Hochsauerland-West

Brilon

Hagen-Witten

Märkisches Sauerland

Hochsauerland-Mitte

Waldeck

Calle

Bödefeld

Kohlhagen

Medebach

Wormbach

Attendorn

Hallenberg

Südsauerland

Schmallenberg

Wenden

Siegen

Siegen

10

Trösterin der Betrübten

Werl

Millionen von Christen können sich nicht irren, Jahr für Jahr werden rund 100 000 Wallfahrer und Pilger in Werl gezählt: Die Hellwegstadt hat sich im Laufe von über 350 Jahren zum größten Marienwallfahrtsort im Erzbistum Paderborn entwickelt und zählt zu den wenigen Pilgerstätten Europas mit überregionaler Bekanntheit. Ziel der Gläubigen ist das hochverehrte Marienbild „Trösterin der Betrübten" in der Basilika, das 1661 aus der Kirche St. Maria zur Wiese in Soest, allgemein als „Wiesenkirche" bekannt, nach Werl gelangte. Ein weiteres, aber weniger bedeutendes Wallfahrtsziel in Werl ist die Propsteikirche St. Walburga als Heiligtum der Kreuzverehrung.

Seit 1661 pilgern Wallfahrer nicht nur aus Westfalen, sondern auch aus benachbarten Bundesländern und sogar aus dem Ausland zum Marienwallfahrtsort Werl. Sie beten andächtig zu Gott, während sie vor der "Trösterin der Betrübten" knien. Das Gnadenbild stammt aus der Zeit um 1180. Wo es genau entstanden ist, war nicht endgültig geklärt, einige Quellen rechneten es südschwedischen Bildhauern zu, andere rheinischen Schnitzkünstlern. Inzwischen steht nach neuesten Forschungen fest, dass es im Rheinland oder in Westfalen entstand und auf vielen Wegen und Umwegen schließlich in die Hellwegstadt Soest gelangt ist, wo sie bis zur Reformation in der Wiesenkirche verehrt wurde.

Am Allerheiligenfest 1661 kam das Marienbild dann nach Werl in die Obhut der Ka-

puziner. Die Wallfahrten lebten sofort wieder auf und wurden zahlreicher als in den Jahren vor der Reformation. Die Kapuziner erbauten in den Jahren 1786 bis 1789 die "alte Wallfahrtskirche", die ihre Vorgängerin aus dem 17. Jahrhundert ersetzte und bereits 1861 erweitert werden musste. Sie existiert heute noch, wird aber nur in der echten Wallfahrtszeit vom 1. Mai bis zum 1. Oktober genutzt und für kleine Pilgergruppen auch auf Anmeldung geöffnet. Seit 1849 werden die Wallfahrten nach Werl von den Franziskanern betreut. Sie das Gnadenbild, das zu den schönsten Europas zählt, wie ihren Augapfel. Marienfigur und Thron sind aus Weichholz, der Körper des Jesuskindes ist aus Eichenholz gearbeitet. Die Franziskaner errichteten in den Jahren 1904 bis 1906 die heutige Wallfahrtskirche. Unter Papst Pius X. wurde

c

d

am 13. August 1911 das Werler Gnadenbild gekrönt, indem eine alte Krone umgearbeitet wurde.

1954 erhielten die Werler Christen ein besonderes Geschenk: Ihr Wallfahrtsgotteshaus wurde zur Päpstlichen "Basilika Minor" erhoben.

Die mächtigen Doppeltürme der Basilika prägen heute schon von weitem das Stadtbild der Hellwegstadt. Werls Silhouette ohne dieses mächtige Bauwerk ist nicht mehr vorstellbar. 2003 wurde die Basilika renoviert.

Hauptwallfahrtstage sind das Wochenende nach dem Patronatsfest „Maria Heimsuchung" (2. Juli) mit vielen gläubigen Teilnehmern von nah und fern. An allen Sonn- und Feiertagen sowie mittwochs und an allen Marienfesten sind Pilger und Wallfahrer in Werl willkommen. Pilgermessen stehen sonn- und feiertags jeweils um 10 Uhr auf der Gottesdienstordnung, sonntags- und nach Anmeldung auch mittwochsnachmittags um 15 Uhr wird Pilgerandacht gefei-

ert, ebenso an Marienfesten. Diese Termine gelten nur während der Wallfahrtssaison vom 1. Mai bis zum 1. November. Die Werler Hauptwallfahrten locken auch Prominente in die Hellwegstadt: 1953 nahm der damalige Bundeskanzler Dr. Konrad Adenauer an einer Werl-Wallfahrt teil.

Die genauen Wallfahrts- und Gottesdiensttermine können dem Faltblatt „Kein Weg ohne Ziel – Kreuzverehrung und Marienwallfahrten in Werl", erhältlich über das Erzbischöfliche Diözesanmuseum in Paderborn, entnommen werden.

Viel älter als die Marienverehrung in Werl ist in der Hellwegstadt die Kreuzverehrung. Eine Urkunde aus dem Jahr 1370 belegt zum ersten Mal die Existenz eines Heiligen Kreuzes in der Pfarrkirche St. Walburga, die seit 1892 den Ehrentitel Propsteikirche trägt. In besagter Urkunde steht, dass „eine Werler Familie dem Heiligen Kreuz zu Werl, zur Verfügung und zum Nutzen, und seinen Verwaltern zwei Stücke Landes" geschenkt

habe. Aus dem 15. und 16. Jahrhundert stammen ähnliche Urkunden. Aus derselben Zeit datieren zahlreiche Kunstwerke mit Darstellungen der Passion, bessere Beweise für die Kreuzverehrung sind kaum denkbar. Das Heilige Kreuz von Werl stammt vermutlich aus dem 13. Jahrhundert und enthielt früher wohl als Reliquie eine Partikel vom Kreuz Jesu in Jerusalem. Von der überregionalen Bedeutung dieses Christusbildes zeugt heute noch der Ziborienaltar aus der zweiten Hälfte des 14. Jahrhunderts, der als Nachbildung des Heiligen Grabes von Jerusalem gedeutet wird. An dem Altar hat das Kreuz auf der steinernen Rückwand in einem Gemälde aus der Schule des berühmten Malers Conrad von Soest seinen Platz. Dass das Heilige Kreuz über Werl hinaus eine große Wertschätzung genießt, machen seine jährliche Übertragung zu einer großen Heiligtumstracht nach Soest, am Festtag des heiligen Ulrich (4. Juli) und am Weihetag der dortigen Stiftskirche St. Patroklus (5.

Juli) deutlich. Eine kleine Votivtafel in der Propsteikirche in der Nähe des Kreuzaltars ist bis in die heutige Zeit eine Erinnerung an die Kreuzverehrung

Auch weitere Zeugnisse belegen die Kreuzfrömmigkeit. Das Fest der Kreuzerhöhung, der 14. September, war zunächst der große Tag dieser Verehrung: In großer Prozession ging es zum Kreuzkamp.

Aber: Auf die Blütezeit der Kreuzverehrung folgte ein tiefer Fall, als nach der Reformation der Kölner Kurfürst Gebhard Truchseß von Waldenburg, der zum Protestantismus übergetreten war, in Werl Quartier machte. Seine Soldaten stürmten am 6. August 1583 die Propsteikirche und verwüsteten sie. Dieser Tat fiel auch das Heilige Kreuz zum Opfer samt seinen Reliquien aus dem Heiligen Land, die Jahrzehnte lang der kostbarste Besitz der Gemeinde waren.

Doch Kreuz und Reliquien wurden nicht total zerstört. Engagierte Werler Katholiken bewahrten einiges und verbargen es. So war es möglich, dass 1938 der Propstei-Küster Doert das Hauptstück des Heiligen Kreuzes auf einem Dachboden wiederfand. Propst Hamm ließ von einem Künstler und einem Kunstprofessor das Heilige Kreuz rekonstruieren und am Karfreitag 1953 im südlichen Seitenschiff des Gotteshauses an seinem früheren Platz im Kreuzaltar wieder aufstellen. Dort hat es seitdem seinen Platz.

Die Kreuzverehrung ist seitdem ungebrochen: Jeden Tag kommen Wallfahrer und Beter in die Kirche, um vor dem Heiligen Kreuz mit ihrem Herrgott zu sprechen.

Zu den besonderen Gebetstagen der Kreuzverehrung zählen die Freitage der österlichen Bußzeit von Aschermittwoch bis Karfreitag. Außerdem sämtliche Freitage im Kirchenjahr und in erster Linie der 14. September, das Fest der Kreuzerhöhung.

Fotos:

a. Ziel für Wallfahrer und Pilger: die Basilika im Herzen der Hellwegstadt.

b. Das Innere dieses Gotteshauses strahlt eine himmlische Ruhe aus.

c. Das Marienbild „Trösterin der Betrübten". (Foto: Matthias Nückel)

d. Prominenter Wallfahrer: Der damalige Bundeskanzler Konrad Adenauer kam 1953 zur Werler Basilika (Repro: Czembor).

e. Die Propsteikirche ist Wallfahrtsziel bei der Kreuzverehrung.

f. Das Altarbild in der Propsteikirche St. Walburga.

g. Das rekonstruierte Heilige Kreuz im Seitenschiff des Gotteshauses.

Soest

Eine Klarstellung vorab: Soest ist in der jetzigen Zeit kein Wallfahrtsort im eigentlichen Sinne. Soest hatte in der Zeit vor der Reformation einen großen Namen, war allerdings nicht vergleichbar mit Lourdes oder Fatima, nicht mit Santiago de Compostela oder auch mit Rom oder Jerusalem. Aber Soest ist auf dem besten Weg, sich wieder zu einem Wallfahrtsort zu entwickeln, und zwar zu einem ökumenischen ...

Bis zur Reformation zählte die Hellwegstadt zu den beliebtesten und am meisten besuchten Wallfahrtsorten der Region. Ziel war damals die Kirche „Maria zur Wiese", im Volksmund nur „Wiesenkirche" genannt, für die 1313 der Grundstein gelegt wurde. Ihr Vorgängerbau, wesentlich kleiner als das heutige Gotteshaus und Ende des 12. Jahrhunderts entstanden, war im romanischen Stil gebaut und wurde „Maria in palude" (Maria im Sumpf) genannt. Heute präsentiert sich „Maria zur Wiese" als eine der schönsten hochgotischen Hallenkirchen Deutschlands. Sehr berühmt ist heute das um 1500 entstandene „Westfälische Abendmahl", das Jesus und seine Jünger beim Verzehr typischer westfälischer Speisen wie Schinken, Schweinskopf und Pumpernickel sowie Schnaps und Bier darstellt ...

a

Grund für den Neubau war damals sicherlich auch das Gnadenbild „Thronende Madonna" aus der Zeit um 1170/1180, das von den Gläubigen hochverehrt wurde und zahlreiche Wallfahrer nach Soest lockte. Die Reformation beendete abrupt diese Wallfahrten. Die „Thronende Madonna" wurde aus der Wiesenkirche entfernt und lag, wie man sagt, verstaubt auf einem Dachboden. Bis sie 1661 durch besondere Umstände nach Werl gelangte und als Wallfahrtsbild zum heutigen Gnadenbild wurde und zu neuer Ehre gelangte. Soest hatte an Bedeutung als Wallfahrtsort verloren, Werl hingegen blühte als Ziel von Wallfahrern und Pilgern förmlich auf.

Inzwischen scheint Soest auf gutem Weg zu sein, sich zu einem ökumenischen Wallfahrer- und Pilgertreffpunkt zu entwickeln. 2013 gab es erstmals eine ökumenische Fronleichnamsprozession und in der „Wiesenkirche" sind ökumenische Marienandachten am 8. September (Mariä Geburt) längst nichts Ungewöhnliches mehr. Und 2011, 350 Jahre nachdem die „Thronende Madonna" der Mittelpunkt des Werler Wallfahrtsgeschehens wurde, kam diese in einem ökumenischen Festakt zu einem Kurzbesuch, begleitet von einer beeindruckenden Zahl von Wallfahrern, zurück in die leer geräumte „Wiesenkirche", die die vielen Besucher kaum fassen konnte. Allerdings nur für einen Tag, aber immerhin: Auf diesem Anfang lässt sich aufbauen ...

Dass Jakobspilger seit einiger Zeit in der Wiesenkirche einen Stempel in ihren Pilgerpass erhalten, ist sicherlich ein kleines, aber unübersehbares Zeichen auf diesem eingeschlagenen Weg.

b

c

Fotos:

a. Die bunten Fenster der „Wiesenkirche" beeindrucken die Besucher.

b. Jakobspilger erhalten hier einen liebevoll gestalteten Stempel in ihren Pass.

c. Ein Gedenkstein erinnert an den ökumenischen Festakt zum Jubiläum 2011.

Willkommen am
heiligen Ort

Waldenburger Kapelle
Attendorn

Sie ist der Beweis dafür, dass eine Kapelle nicht unbedingt ortsansässig ist, sondern auch umziehen kann: Die Waldenburger Kapelle bei Attendorn musste beim Bau der Biggetalsperre ihren Standort um einige Meter näher zum Himmel verlegen.

Der Ursprung des kleinen Gotteshauses liegt vermutlich im Jahr 1712. Die Kapelle wurde wahrscheinlich als Ersatzbau für eine „Vorgängerin", die in die Waldenburg integriert und durch den Brand derselben zerstört wurde, errichtet. Die Burgruine Waldenburg

mit ihrer rund 1000-jährigen Geschichte ist das älteste profane Kulturdenkmal auf dem Gebiet der Stadt Attendorn.

1713 wurde das Kapellendach gedeckt, ein Jahr später wurde die Kapelle verputzt und mit behauenen Steinplatten ausgelegt. Am 23. April des Folgejahres wird der Attendorner Bildhauer Peter Sasse aktenkundig, der den heute im Südsauerlandmuseum aufbewahrten Altar, den Mittelpunkt des Kapelleninneren, anfertigt. Sein Bruder Anton, ein Maler, fasst die vier Skulpturen des Altares.

Am 16. Februar 1723 weiht Hospitalsrektor Stephan Dingerkus, ein Freund des Hauses Fürstenberg, im Auftrag des Kölner Weihbischofs und Generalvikars Johann Werner von Veyder die Waldenburger Kapelle ein. Damit kommen die bis heute andauernde Marienverehrung und die daraus entstandenen Wallfahrten in Gang. So sehr, dass bereits am 5. Juli 1739 in der Ausgabenliste der Kapelle der Verbrauch von 12000 Hostien aufgelistet wird. Zwischen 1790 und 1801 hält der Attendorner Vikar Hoberg jede Wo-

c

che eine Messe in der Kapelle, sein Lohn beträgt jährlich 26 Reichstaler, die ihm Friedrich Leopold von Fürstenberg zahlt. Verbrieft ist auch, dass im Jahr 1756 Maria Catharina Zeppenfeld die Madonna mit silbernem Schmuckwerk verziert.

Im Zuge des Biggetalsperrenbaus muss Anfang der 60er-Jahre des vergangenen Jahrhunderts das kleine Gotteshaus von seinem Platz weichen, wird aber originalgetreu etwas oberhalb dieser Stelle wieder errichtet. Der historische Dachstuhl mit seiner geschweiften Haube und dem Dachreiter kann wieder verwendet werden, die Kapelle wird um eine Sakristei, eine Altarnische und ein Vorbau erweitert. Während der Bauarbeiten ist das Gnadenbild, das von den Wallfahrern und Pilgern liebevoll „Mutter der sauerländischen Berge" seit Jahrhunderten genannt wird, in der Attendorner Hospitalkirche zur Verehrung aufgestellt. Am 11. Dezember 1965 wird es dann in einer feierlichen Prozession in die neue Kapelle gebracht, wo das 30 Zentimeter hohe Gnadenbild heute in einer gepanzerten Glasvitrine gesichert ist.

Über die Herkunft dieser mittelalterlichen Pieta gibt es verschiedene Legenden. Eine Sage aus dem 19. Jahrhundert erzählt, ein frommer Mann habe die Statue in einem hohlen Baum gefunden und zum Pfarrer nach Attendorn gebracht, der sie auf den Altar der Pfarrkirche stellte. Von dort sei die Skulptur aber plötzlich wieder verschwunden und nach langem Suchen in der hohlen Eiche wiedergefunden worden. Als sich

d

dieses merkwürdige Schauspiel dreimal wiederholte, habe man an dieser Stelle in Waldenburg eine erste Kapelle errichtet. Andere Quellen vermuten eine Verbindung zu dem ehemaligen Kloster Ewig oder den Attendorner Franziskanern.

Ursprünglich hatte die Waldenburgkapelle den heiligen Rochus als Patron, später wurde sie der Gottesmutter geweiht. Der Grund hierfür ist historisch nicht belegt, aber für die vielen Christen, die Jahr für Jahr den Weg zur Kapelle finden und vor dem Gnadenbild beten, ist das auch nicht so wichtig. Für sie zählt allein der spirituelle Kontakt zu der „Mutter der sauerländischen Berge".

Vor allem am Hochfest Mariä Himmelfahrt strömen die Wallfahrer, unter die sich in den letzten Jahren auch Besucher des Naherholungszentrums Biggesee mischen, zur Waldenburger Kapelle. Aber auch am 1. Mai sowie am Pfingstmontag finden Eucharistiefeiern an diesem traditionellen Wallfahrtsort statt. Hinzu kommen Wallfahrten, die von Gemeinden und Gruppen aus der näheren und weiteren Umgebung durchgeführt werden. Pro Jahr kommen in die Kapelle rund 60 000 Besucher. Hinzu kom-

e

men zahllose Gläubige, die in den Monaten Dezember und Januar die inzwischen über Deutschlands Grenzen hinaus bekannte „Waldenburger Krippe" bewundern, die seit Anfang des Jahrhunderts im Kapelleninneren aufgebaut und ständig vergrößert wurde. Die Kapelle befindet sich nach wie vor im Besitz des Freiherrn von Fürstenberg-Herdringen, sie wird seelsorgerisch durch die katholische Kirchengemeinde St. Johannes Baptist Attendorn betreut.

Fotos:

a. Die Waldenburgkapelle hat den „Umzug" an den neuen Standort problemlos überstanden.

b. Das Kapelleninnere ist schlicht und von der Marienverehrung der Wallfahrer und Pilger geprägt.

c. Gehstützen aus dem 19. Jahrhundert, von dankbaren Wallfahrern zurückgelassen.

d. Die Pieta ist durch Panzerglas gesichert.

e. Auf dieser Tafel ist die Kapellengeschichte in Kurzform zu lesen.

Friedenskapelle
Bad Lippspringe

Sie hat zwar keine Jahrhunderte lange Tradition, aber sie ist eine Oase der Stille und Besinnung inmitten des weitläufiges Kurwaldes der Stadt Bad Lippspringe: Die Friedenskapelle. „Friede ist allweg in Gott, denn Gott ist der Friede", ist ein Leitspruch von Niklaus von der Flüe, der als Fürsprecher und Vermittler des Friedens zu den Leitbildern der Kapelle gehört.

Neben ihm ist das kleine Gotteshaus der Gottesmutter Maria, der Königin des Friedens, und Adolph Kolping, dem Kämpfer für sozialen Frieden und Gerechtigkeit, gewidmet.

Die Initiative, in dem etwas 200 Jahre alten Kurwald eine Kapelle zu errichten, ging von der Kolpingfamilie aus, die dabei von dem Bauverein zur Errichtung und Unterhaltung derFriedensquelle e.V. finanziell und tatkräftig unterstützt wurden. Bis auf wenige Arbeiten, die von Spezialfirmen ausgeführt werden mussten, ist der Bau von freiwilligen Helfern in der 80er-Jahren des vergangenen Jahrhunderts ehrenamtlich errichtet worden. „Sie soll ein Ort der Stille, eine Stätte des Gebets sein, eine Oase der Besinnung und ein Platz zu Atemholen und Kraftschöpfen für alle, denen der Frieden in der Welt ein Herzensanliegen ist", sagte am 28. September 1987 Erzbischof Johannes Joachim Degenhardt, der es sich nicht hatte nehmen lassen, die Friedenskapelle selbst einzuweihen.

Der sakrale Bau ist eine Meisterleistung des Lippspringer Architekten Rolf Böhme, dem es gelungen ist, meditatives Gedankengut in moderne Architektur einfließen zu lassen.

Die vielfältige Symbolik der verwendeten Formen ist unverkennbar. Von Weitem betrachtet wirkt die Friedenskapelle wie ein Zelt mit ihrem gefalteten Dach, das darauf hinweist, dass die Gläubigen als Pilger auf dieser Erde als Volk Gottes unterwegs sind. Das Außengitter, das bei Gottesdiensten aufgeklappt werden kann, weist die Formen von aneinander gereihten mittelalterlichen Schilden auf und soll daran erinnern, dass der Frieden immer wieder verteidigt oder auch erkämpft werden muss.

Bei Andachten und Eucharistiefeiern, die regelmäßig in der Kapelle im Kurwald stattfinden, wird das Innengitter zum Altarraum hin geöffnet und die Außengitter werden zur Seite geschoben, so dass sie die Gläubigen wie zwei ausgebreitete Arme umfangen.

Über die Gottesmutter Maria, die mit der Kapelle verehrt wird, bedarf es keiner Erläuterung. Niklaus von Flüe, „Bruder Klaus" genannt, war im 15. Jahrhundert ein angesehener Staatsbürger der Schweiz, Gemeinderatsmitglied, Bürgermeister und auch Vater von zehn Kindern, ehe er sich als Einsiedler in der Nähe seines Heimatortes in dem Ramft für den Frieden einsetzte. In den letzten Lebensjahren ernährte er sich hauptsächlich von Wasser und Brot ernährte und bewahrte durch sein Beispiel, diplomatisches Geschick und seinen Einfluss 1481 die Schweiz vor einem Bürgerkrieg.

Am 15. Mai 1947 erfolgte für „Bruder Klaus" durch Papst Pius XII. die Heiligsprechung. Als offizieller Gedenktag wurde der 25. September festgelegt.

Dritter im Bunde der „Friedenspersönlichkeiten" ist Adolph Kolping, der große Sozialreformer, dessen Worte „Das Gebet ist eine gewaltige Macht" an der Seitenwand der Friedenskapelle die Besucher ermutigen, ihre ganz persönlichen Gefühle in Worte zu fassen und diese Gott im Gebet anzuvertrauen.

Mehr als 1 Million Kerzen sind in den vergangenen fast 30 Jahren in der kleinen Kapelle von den Besuchern entzündet worden. Jede Kerze steht für ein in ein Gebet oder ein besonderes in Worte gefasstes persönliches Anliegen. Einen besseren Beweis, dass das kleine Gotteshaus mitten im ehrwürdigen Kurwald zu einer echten Pilgerstätte geworden ist, gibt es kaum.

Der Erlös aus den Kerzenspenden, im Jahr 2012 waren es fast 9 000 Euro, fließt aus-schließlich an Notleidende und Bedürftige. Beispielsweise an eine Palliativstation im Kurort, an ein Kinderhospiz in Bremen, eine Bildungseinrichtung in Bethlehem, an das internationale Kolpingwerk oder an die Brasilieninitiative Avicres.

Bei der Ausstattung der Kapelle fallen ein Meditationsrad und ein Kreuz ins Auge. Beide Devotionalien, kunstvoll gearbeitet von Benediktinerinnen aus Herstelle, wurden durch die Spende einer adligen Dame aus Salzgitter möglich, die die Kapelle während einer Kur im Jahr 2000 als Meditationsort für sich entdeckt hatte.

Die Betreuung des kleinen Gotteshauses erfolgt durch ein Team des „Bauvereins Friedenskapelle", der 66 Mitglieder hat. Über 20 offizielle Termine stehen Jahr für Jahr auf der Gottesdienstordnung. Absoluter Höhepunkt ist die Jahresfeier anlässlich der offiziellen Einweihung: Zum Silberjubiläum im Jahr 2012 kam Weihbischof Matthias König und feierte mit 500 Gläubigen die Festmesse. Und im Jahr 2013 zelebrierte Monsignore Alois Schröder mit den Gläubigen in der Friedenskapelle eine Eucharistiefeier zum Patronatstag

Aber nicht nur für Gottesdienste ist die Friedenskapelle geöffnet: Im Juni 2013 war sie Ziel für ein Kommunionskindertreffen der Pfarrgemeinde St. Martin und regelmäßig erzählt die Lippspringer „Märchentante" Sieglinde Schröder Geschichten, Märchen und Rätselhaftes hier vor romantischer Kulisse.

e

Zu den kirchlichen Höhepunkten im Kurwald gehört auch die traditionelle Lichterprozession der Kolpingfamilien am Weltgebetstag im Oktober, die die Friedenskapelle über kurz oder lang zu einem echten Wallfahrtsort machen könnte ...

Ein der Kapelle vorgelagerter Bildstock besteht schon einige Jahrzehnte länger als das kleine Gotteshaus. Er wurde gekonnt in das Gelände an der Kapelle mit einbezogen.

Schon jetzt laufen die Vorbereitungen für die Landesgartenschau 2017 in Bad Lippspringe, in die der Kurwald und damit auch die Friedenskapelle einbezogen werden. Wie, das ist noch eine Frage der Planung. Aber eines steht fest: Die Kapelle wird auch im Massenstrom der Gartenschaubesucher eine Oase der Ruhe und Besinnung bleiben und ein besonderer Anziehungspunkt sein ...

c

d

Fotos:

a. Wie ein beschützendes Zelt empfängt sie die Gläubigen: die Friedenskapelle im Kurwald von Bad Lippspringe.

b. Die Ausstattung des kleinen Gotteshauses besticht durch ihre Schlichtheit.

c. Erkenntnis von Adolf Kolping.

d. Die von Legenden umwobene Jordanquelle.

e. Der kleine Bildstock ist wesentlich älter als die Friedenskapelle.

Jakobsberg
Beverungen

„Jakobsberg, das muss doch irgendwo am Jakobsweg liegen", denken Pilger und Wallfahrer spontan, wenn sie den Namen des Höhendorfes in der Nähe von Beverungen lesen. Aber: Weit gefehlt. Der in den letzten Jahren neu angelegte, aber historischen Straßen nachempfundene „Westfälische Jakobsweg" lässt das Dorf zwar nicht links, sondern rechts liegen, die Dörfler sind allerdings nicht böse darüber. Denn sie wissen es besser: „Im Mittelalter führten die Wege der Jakobspilger auch nach Haddenberg, wie Jakobsberg damals hieß", steht auf einer Info-Tafel neben der Dorfkirche. Die Wallfahrt hierher galt damals als Ersatz für die oft gefahrvolle Pilgerfahrt nach Santiago de Compostela. Im 15. Jahrhundert war der Andrang der Jakobspilger sehr groß, von vie-

len tausend Pilgern berichten die Chroniken. Und sie kamen aus vielen Ländern, sogar aus Spanien sollen Pilger darunter gewesen sein. Um die Bedeutung der Wallfahrt zum heutigen Jakobsberg hervor zu heben, rief Bischof Simon von Paderborn dazu auf Veranlassung des Corveyer Abtes Hermann von Bömelburg 1485 die Sankt-Jakobus-Bruderschaft ins Leben. Diese hatte die Aufgabe, die Pilger zu beschützen und ihnen Herberge zu gewähren.

Dass Jakobsberg von 1480 bis zur Reformationszeit der bedeutendste Jakobuswallfahrtsort im nördlichen Reichsgebiet war, stellte auch Dr. Hartmut Kühne von der Humboldt-Universität in Berlin fest. Er konnte sogar eine ganze Anzahl von Pilgerzeichen der Wallfahrt nach Jakobsberg zuordnen.

Bedingt durch die Reformationszeit ließ die Wallfahrt zur Pfarrkirche St. Jakobus im 16. Jahrhundert nach. Heute erinnern die Jakobsmuscheln über dem Eingangsportal sowie die Jakobusbüste, die aus der Bildhauerwerkstatt Papen aus Giershagen stammt, daran.

Trotzdem ist Jakobsberg heutigen Jakobspilgern nicht unbekannt. Im offiziellen Pilgerführer des Landschaftsverbandes Westfalen-Lippe ist das „idyllische Kleinod auf Bergeshöh", wie die Fremdenverkehrswerbung das Örtchen beschreibt, ein „Abstecherziel", das den Pilgern unbedingt empfohlen wird. Eine stille Andacht in der idyllisch gelegenen Wallfahrtskirche sollte zum Pflichtprogramm des Pilgers gehören. Jeweils sonntags nach dem Tag des heiligen

Jakob (25. Juli) findet eine Prozession zur Wallfahrtskirche statt.

Im Inneren der Pfarrkirche sind Statuen des heiligen Antonius von Padua, von Joseph und der heiligen Barbara, von Erzengel Michael sowie der heiligen Laurentius und Augustinus zu sehen. Und natürlich vom Namenspatron Jakobus. Der Altar und die Kreuzigungsdarstellungen, der Schmerzensmann, die Pieta und die Marienstatue vervollständigen die üppige Innenausstattung. Rund um das Gotteshaus lädt ein gepflegter Kirchgarten zur stillen Andacht ein, in dem auch eine kleine Grotte mit einer weißen Gottesmutter nicht fehlt.

Ursprünglich war der „Haddenberg" ein Heiligtum der Germanen. Und die Worte des Dichters Friedrich Wilhelm Weber, die eigentlich die Iburg bei Bad Driburg beschreiben, passen auch genau zu diesem Platz:

„Götterstätte, jetzt umwuchert / von Gestrüpp und wilden Ranken / Und als Wohnort dunkler Mächte, / Scheu gemieden von den Franken."

Diese germanische Opferstätte ist durch missionierende Mönche zu einer christlichen geworden und hat eine Kirche erhalten. Die hier vorhandene Quelle, die heute Jakobsberger Quelle heisst und den Jakobusbrunnen speist, wird zur Gründung des Dorfes sicher beigetragen haben.

Sie lieferte von altersher nicht nur Trinkwasser, auch die Pilger wuschen sich hier, weil sie von der Heilkraft des Quellwassers überzeugt waren. Noch im 18. Jahrhundert sollen Kranke die Quelle aufgesucht haben.

Propst Karl von Reuschenberg, der von 1753 bis 1760 seinen Dienst in der Kirche von Jakobsberg versah, wies immer darauf hin, ihm sei versichert worden, dass zur Zeit des Corveyer Abtes Maximilian eine Frau von Papenheim, die gliederlahm war, sich als Krüppel zur Quelle führen ließ, fünf Wochen hier geblieben sei und täglich ihr Gebet an den heiligen Jakob gerichtet habe und sich mit großem Vertrauen im Jakobsbrunnen gewaschen habe. Sie sei völlig gesund nach Hause gelaufen. Dem Ortsgerücht zufolge habe aber die Wunderkraft nachgelassen, nachdem eine Frau Babywindeln in der Quelle gewaschen habe ...

Oberhalb des Brunnens stand früher eine Jakobuskapelle, die Freiherr von Boltenstein als Besitzer des Corbeyisschen Propsteigutes gestiftet hatte. Sie war offen und beherbergte angeblich die Krücken der Geheilten ... Die alte Kapelle, zuletzt 1938 ausgebessert und mit einem Altar versehen, wurde 1957 abgerissen. Einige Meter oberhalb des alten Standortes wurde eine neue, erheblich größere errichtet. Aus der früheren Kapelle stammt der Stein mit der Aufschrift „St. Jacobus Apostolos Patronus Hispaniarum", der an die gefahrvollen früheren Reisen nach Spanien erinnern soll ... In der neuen Kapelle selbst findet sich eine Statue mit dem Spruch „Dir, Jakobus, nachzuleben, sei auf Erden unser Streben".

1986 wurde die Brunnenalage neu gestaltet. Ein anonymer Spender stiftete ein Jakobus-Standbild, das oberhalb steht. Von der Bank

am Brunnen hat der Besucher von Jakobsberg einen herrlichen Blick auf die Wallfahrtskirche und hinunter ins Tal.

Von hier sind es nur wenige Meter bis zum Abzweig auf den Kreuzweg mit seinen 14 gemauerten Heiligenhäuschen und ihren Krezwegstationen, die auf Tonbildern gemalt sind. 1981 wurde der Weg angelegt, der nicht nur ein frommer Steig ist, sondern mit seinem Verlauf am steilen Hang des Kiepenberges und über ein Hochplateau mit zahlreichen Fernblicken einer der schönsten Wander- und Spazierwege im Kreis Höxter ist. Also quasi ein Pflichtprogramm für jeden Wallfahrer und Pilger, der Jakobsberg ansteuert ...

Die Tourist-Information Beverungen hält ein informatives Faltblatt über den Kreuzweg mit eingehender Beschreibung kostenlos bereit. Der Weg ist rund 3 Kilometer lang, er führt über asphaltierte Wirtschaftswege und Graswege, er ist bequem zu gehen, hat nur ein kurzes Steilstück, dafür aber zahlreiche Aussichtspunkte.

Fotos:

a. Die Wallfahrtskirche St. Jakobus wirkt wie eine Trutzburg.

b. Die neue Pilgerkapelle liegt unmittelbar neben der Quelle ...

c. ... an der der heilige Jakobus Wache hält.

d. Dieses Motto der Jakobsberger gilt noch heute.

e. Unmittelbar hinter der Quelle beginnt der Kreuzweg.

Kreuzbergkapelle

Bödefeld

Heimatdichter haben ihn mit markigen Worten besungen, den Kreuzberg bei Bödefeld, auf dem Pfarrer Johannes Heinrich Montanus unmittelbar nach der Fertigstellung der Bödefelder Pfarrkirche 1728 ein hohes Kreuz errichten ließ, wo heute eine Wallfahrtskapelle steht.

„Es steht auf stiller, sturmumwehter Höhe, ein Kreuz und strahlet segnet durch das weite Land. / Tieffrommer Sinn und opferfreudige Herzen, das war der Grundstein, hoher Liebe Pfand."

Tieffrommer Sinn und opferfreudige Herzen, Das war der Grundstein, hoher Liebe Pfand". So steht es nachzulesen in der Kreuzberg-Chronik, in der auch steht, dass der Standort einst „Auf dem Wahren" hieß. Auch damals noch, als Pfarrer Montanus ebenfalls im Jahr 1728 den ersten Stein zum Bau „seiner" Kapelle auf den Berg hinauftrug. Die Gemeinde

in Bödefeld folgte seinem Beispiel mit viel Eifer. Am 19. Juli 1728 wurde mit dem Bau begonnen und schon im nächsten Jahr zum Fest des heiligen Franziskus konnte auf dem „Kreuzberg", wie er mittlerweile genannt wurde, Einweihung gefeiert werden.

In den Folgejahren bauten die Bödefelder einen recht beschwerlichen Kreuzweg von ihrem Dorf hinauf zu der Kapelle, der heute noch regelmäßig zu verschiedenen Anlässen gebetet wird. Zunächst war er als „Weg der sieben Kreuzfälle" mit holzgeschnitzten Bildern konzipiert, der am 20. September 1730 fertig wurde. 1856 wurde der Weg auf 14 Stationen erweitert, 13 Jahre nach dem Tod von Pfarrer Montanus.

Weil in Bödefeld das Leiden Christi so eifrig verehrt wurde, erhielt die Gemeinde schließlich ein Teilchen des heiligen Kreuzes von Golgatha geschenkt. Vermutlich hatte noch

Pfarrer Montanus diese Reliquie erbeten. Erst am 13. November 1744 wurde sie von Rom abgeschickt. Es dauerte aber noch mehrere Jahre, bis sie nach eingehender Prüfung ihrer Echtheit bei den Generalvikariaten zu Wien und Köln in Bödefeld ankam. Sie ruht jetzt in einer Monstranz in der Pfarrkirche und ist zur Verehrung des Leidens Christi ausgesetzt. Zur Pfingstprozession wird nach der heiligen Messe der Segen mit dieser Monstranz den Gläubigen erteilt, auf Wunsch auch persönlich.

Vielleicht hat der über eine Stunde ohne Pausen dauernde Anstieg auf den Kreuzberg die Frömmigkeit der Bödefelder nachhaltig beeinflusst, denn zum 250-jährigen Jubiläum der Kapelle schrieb der damalige Erzbischof Johannes Joachim Degenhardt in seinem Grußwort: „Viele Wallfahrer und Pilger sind in diesen Jahren auf den Böde-

c

d

das Schmuckstück des kleinen Gotteshauses, ist restauriert und die bunten Kapellenfenster, die die heilige Elisabeth, den heiligen Joseph und den heiligen Johannes zeigen, wurden nach alten Vorlagen der Firma Derix aus Kevelaer erneuert. Unvergessen bei den Bödefelder Christen ist das „Dankhochamt", das nach Abschluss der Reparaturarbeiten am 14. September 1986, dem Fest der „Kreuzerhöhung", rund um das kleine Gotteshaus gefeiert wurde, mit rund 300 Festgästen und einer Musikkapelle. Allerdings noch im Schatten der Bäume, die später dem Jahrhundertsturm „Kyrill" zum Opfer fielen und heute den Blick auf die Täler freigeben. Wichtigste Wallfahrtstage zur Kreuzbergkapelle sind der erste Sonntag im Mai (Kreuzauffindungsprozession), der 2. Pfingsttag (Pfingstwallfahrt mit heiliger Messe und Segen mit der Kreuzreliquie), der erste Donnerstag im August (Seniorenwallfahrt mit heiliger Messe) sowie der 2. Sonntag im September, an dem eine große Familienwallfahrt auf dem Programm steht.

In den Sommermonaten (Mai bis September) finden „Freitagsgebete" auf dem Kreuzweg mit anschließender Andacht in der Kapelle statt, die jeweils freitags um 17 Uhr am Kreuzweganfang beginnen.

felder Kreuzweg gewandert und haben dort oben ihre Nöte und Sorgen dem gekreuzigten Herrn ausgeschüttet, viele haben dadurch Zuflucht und Erhörung ihrer Gebete erfahren. So wurde der Kreuzberg für sie eine Stätte des Gebetes und der Gnade".

Diese Gnade finden auch heute noch Wallfahrer und Wanderer, die auf der Bergeshöhe andächtig das kleine Gotteshaus betreten und ein stilles Gebet zum Himmel schicken, denn hier sind sie mit sich und ihrem Gott meistens allein. Fast benommen von den beeindruckenden Darstellungen auf den 14 Stationen des vorbildlich gepflegten Kreuzweges versinken die Gläubigen vor dem Altar ins Gebet und genießen anschließend die Sonnenstrahlen, die durch die bunten Fenster der Kapelle deren Inneres erstrahlen lassen.

Viel enger als im Tal in der Pfarrkirche St. Cosmas und Damian ist an diesem außerordentlichen Ort die Verbindung zu Gott.

Für die Christen ist es kaum vorstellbar, dass es Frevler gibt, die vor rund 30 Jahren zehn Tage vor Weihnachten hier oben randalierten, sämtliche Fenster einschlugen und einen Schaden von fast 40 000 Mark anrichteten. Die Gründung eines Fördervereins war die Antwort der Bödefelder auf die Freveltat,

deren Verursacher nie gefasst wurden. In einer spontanen Haussammlung brachte die Gemeinde fast 35 000 Mark auf. Der Förderverein begann mit seiner Arbeit und heute präsentiert sich die Wallfahrts-Kapelle auf dem Kreuzberg vorbildlich. Der neue Verein mit seinen fast 150 Mitgliedern, der eng mit der Pfarrgemeinde zusammenarbeitet, sorgt für die Erhaltung und Pflege der Kapelle, des Kreuzweges und der Außenanlagen. An der Pflege beteiligen sich durch die Übernahme von Patenschaften die Bödefelder Familien. Der Förderverein hat auch die von Pfarrer Montanus eingeführte Pfingstwallfahrt wieder belebt, bei der über 200 Gläubige auf den Berg pilgern und nach dem gemeinsamen Hochamt ein fröhliches Fest feiern. Inzwischen gibt es auch ein Modell der Kapelle, das bei Veranstaltungen in Schmallenberg und Bödefeld bei Umzügen mitgeführt wird. 2009 wurde ein Denkmal zu Ehren von Pfarrer Montanus neben der Kirche aufgestellt.

Weil die Bödefelder tiefgläubig sind und an das Gute in den Menschen glauben, ist die Kapelle immer noch unverschlossen, damit jeder, der auf den Berg kommt, in ihr beten und seine Gedanken in einem Fürbittbuch niederschreiben kann. Die Spuren der Frevler sind längst beseitigt: Der Altar, nach wie vor

Fotos:

a. Die Kreuzbergkapelle bei Bödefeld ist ein beliebter und bedeutender Wallfahrtsort im Sauerland.

b. Die einfache Innenausstattung der Kreuzbergkapelle beeindruckt den Besucher, ohne ihn beim Gebet abzulenken.

c. In der kleinen Monstranz in der Dorfkirche verbirgt sich die Kreuzreliquie.

d. Denkmal für Pfarrer Montanus neben der Pfarrkirche.

a

b

Hl. Dionysius
Bökenförde

Bökenförde ist schon ein bemerkenswertes Örtchen, das allerdings wenig bekannt ist. Es ist eher ein großes Dorf, das zwischen Paderborn und Soest in unmittelbarer Nähe des Hellwegs liegt. Die älteste Urkunde datiert aus dem Jahr 1005.

In der Mitte des alten Dorfes steht die Wallfahrtskirche, die dem heiligen Dionysius geweiht ist und den Ort unter Wallfahrern bekannt gemacht hat – und außerdem ein Paradebeispiel für die Marienverehrung im gesamten Erzbistum und speziell in der Soester Börde ist. Ein Ort, der aber auch Überraschungen birgt, die wie Wunder scheinen, wie am Beispiel des Marienbildes in der Pfarrkirche nachgewiesen werden kann. Bei der Renovierung der Kirche im Jahr 1961 wurde auch das Madonnenbild näher untersucht. Dabei kam ein 800 Jahre altes, aus Lindenholz geschnitztes Gnaden-

bild zum Vorschein, das allerdings in dieser langen Zeit durch Witterungseinflüsse äußerlich und durch Holzwürmer innerlich stark gelitten hatte. Mit Hilfe modernster Technik konnte diese romanische Arbeit jedoch restauriert werden und im Stil des 12. Jahrhunderts erhalten bleiben.

Bis heute wird das Gnadenbild von den Gläubigen im Ort und den umliegenden Dörfern sehr verehrt. Ein besonderes Jubiläum konnte die Kirchengemeinde 2012 feiern: Sie blickte auf die Wiederbelebung des Prozessionswesens vor 300 Jahren zurück. Zu Ehren der Gottesmutter wurden eine große Marienausstellung organisiert sowie ein Marienbüchlein mit modernen Betrachtungen und illustriert mit Egli-Figuren herausgegeben. Für Pilger wurden kleine Medaillen mit dem Gnadenbild geprägt. Nachdem die Marienverehrung im 17. Jahrhundert in Bökenförde

vollständig zum Erliegen gekommen war, entdeckte 1719 der ortsansässige Pfarrer das versteckte Gnadenbild, so dass die Verehrung einen Neubeginn feiern konnte.

Bei einem Rundgang um die Pfarrkirche sticht der Bildstock des heiligen Nepomuk ins Auge, der nach gründlicher Renovierung 1961 etwas versetzt wurde. Auch ein Gedenkstein für den Heimatdichter Friedrich-Wilhelm Helle, der in Bökenförde geboren wurde und dessen Hauptwerk „Jesus Messias" ist, ist nicht zu übersehen. Die Pfarrkirche repräsentiert mehrere Epochen: Der Westturm stammt vermutlich aus dem 11. Jahrhundert, im 12. Jahrhundert wurde die dreischiffige romanische Pfeilerbasilika errichtet und im 16. Jahrhundert wurde das Kirchenensemble an der Nordseite durch einen querschiffigen gotischen Anbau vervollständigt. 1900 wurde erneut angebaut: Im neuromanischen Stil wird an der Nord- und Südseite je ein Seitenschiff und je eine Sakristei errichtet. Das Ganze bekommt den liebevollen Kosenamen „Kleiner Dom am Hellweg".

Aber nicht nur die Pfarrkirche ist Ziel der Wallfahrer und Pilger, sondern auch die kleine Kapelle in der Feldmark, wo der Ursprung der Bökenförder Wallfahrtstradition begann. Sie liegt am Liebfrauenweg, direkt an der Landstraße von Bökenförde nach Rixbeck, idyllisch unter alten Buchen versteckt: die Wallfahrtskapelle „Brünneken".

Wie dieser Name es vermuten lässt, hat der knapp 15 Meter neben dem kleinen Gotteshaus gelegene Brunnen dem kleinen Kirchlein seinen plattdeutschen Namen gegeben. Und auch heute, rund 150 Jahre nach der Errichtung der Kapelle, ist der kleine aus Bruchsteinen gemauerte Brunnen noch voll funktionsfähig.

Die häufigsten Besucher der kleinen Kirche sind heute Radfahrer, die auf ihren Touren durch die Soester Börde im Schatten der dichtbelaubten alten Bäume anhalten, um nach einer Rast für das leibliche Wohl auch etwas für das seelische Befinden zu tun. Ein stilles Gebet und eine mit heimlichen Wünschen entzündete Kerze bilden vielfach den Abschluss der wohlverdienten Pause.

In der „Brünneken"-Kapelle beten die Besucher, Wallfahrer ebenso wie Pilger und Radfahrer, zur „Mutter der göttlichen Gnade", wie sie Maria ehrfurchts- und liebevoll nennen. Für alle sind Orte wie dieser schattige Platz, Stätten, an denen sie sich ausruhen und auftanken können. Orte, an denen sie Gott und seiner geliebten Mutter ganz nahe sind.

Hier erleben alle, egal ob sie in einer Gruppe oder allein unterwegs sind, Gemeinschaft mit anderen Gläubigen im gemeinsamen Singen, im gemeinschaftlichen Beten oder auch im gemeinsamen Schweigen.

Manche Gläubigen werden sicherlich bei ihrem Aufenthalt in dem kleinen Gotteshaus auch an die Legende denken, die seit Jahrhunderten mit dem Brunnen verbunden ist. Hier soll vor uralten Zeiten ein Schafshirte ein Muttergottesbild über dem Wasser des Brunnens schweben gesehen haben. Er erzählte dieses Erlebnis dem damaligen Geistlichen in Bökenförde und der Ortspfarrer überzeugte sich umgehend selbst von dieser Erscheinung. Er fand das Marienbild vor, sicherte es und erzählte davon in der Dorfkirche. Das Gnadenbild wurde dann in einer feierlichen Prozession von dem Feldbrunnen in die Dorfkirche von Bökenförde überführt. Nach neuesten Erkenntnissen gilt als wahrscheinlich, dass das Gnadenbild ursprünglich in der Kirche zu Ussen aufbewahrt wurde, einem einstigen Dorf nur wenige hundert Meter von dem Brunnen entfernt. Nach der Aufgabe des Dorfes, das im Grenzgebiet zwischen Lippstadt und dem alten Westfalen lag, wurde das Gnadenbild in die Bökenförder Kirche überführt.

Das Wasser des Brunnens soll über die Jahrhunderte hinweg zahlreiche Wunder bewirkt haben.

Dreimal im Jahr finden große Prozessionen in Form von Wallfahrten aus der Pfarrkirche in die Feldmark zur Kapelle am „Brünneken" statt: Am Dreifaltigkeitssonntag, dem Sonntag nach Pfingsten sowie am Festtag von Mariä Himmelfahrt.

Zu diesen Traditionsprozessionen kommt seit vielen Jahren die „Männerwallfahrt" am Pfingstmontag hinzu, wenn ältere und jüngere männliche Christen aus dem ganzen Dekanat Lippstadt - Rüthen sich zu Hunderten in Richtung „Brünneken" aufmachen. Und schweigend und betend die Nähe zur „Mutter der göttlichen Gnade" suchen und finden, das Gnadenbild in ihren Reihen.

Die Geschichte dieser Wallfahrt reicht zurück bis in die 20er Jahre des letzten Jahrhunderts, als Ursprung wird die Bittwallfahrt der

c

Dekanatsjugend am Bittsonntag angesehen. Weit über 1 000 Jugendliche, Jungen und Mädchen, haben damals teilgenommen. Als dann 1934 erstmals von Pastor Otto Schelle aus der Pfarrei St. Elisabeth in Lippstadt zu einer reinen Männerwallfahrt aufgerufen wurden, kamen rund 3000 Gläubige, die sich gemeinsam auf den Weg machten. Auch heute noch ziehen am Pfingstmontag über 300 Männer sternförmig aus Bökenförde, Lippstadt, Esbeck, Erwitte, Westernkotten und übrigen umliegenden Orten zu der Stelle, wo nach der Legende das Gnadenbild Mariens dem Schafhirten erschienen ist. Bökenförde liegt direkt am Jakobsweg, seit Anfang 2014 gibt es Pilgerstempel in der Kirche.

d

Fotos:
a. Die Pfarr- und Wallfahrtskirche St. Dionysius.
b. Das Gnadenbild von Bökenförde.
c. Gedenkstein für den Dichter Dr. Friedrich-Wilhelm Helle.
d. Die Wallfahrtskapelle „Brünneken".

Borbergkapelle
Brilon

Wo andere Kapellen einen lateinischen Spruch haben, wartet sie für ihre Besucher mit einer plattdeutschen Botschaft auf: „Der laiwen Mutter Guades vam gudden Friäen bugget van den Luien hey rümme" (Der lieben Mutter Gottes vom guten Frieden, erbaut von den Leuten ringsumher) steht zweifarbig auf einem Eichenbalken über der Kapellenpforte.

Wieviele Pilger und Wanderer Jahr für Jahr ihr Weg zu dieser rund 600 Meter über dem Meeresspiegel und direkt am Rothaarsteig gelegenen Kapelle führt, ist schwer zu schätzen. Viele Tausende sind es mit Sicherheit, glaubt man den Verlautbarungen der Touristenwerbung. Wieviele Wallfahrer über den Kreuzweg von Olsberg her das kleine Gotteshaus Jahr für Jahr betend erreichen, ist nicht überliefert.

Die Auswirkungen des 1. Weltkrieges waren der Anlass und die tiefe Sehnsucht der Bevölkerung nach einem dauerhaften Frieden ganz sicher der Grund dafür, dass das kleine Gotteshaus auf historischem Grund vom 1921 gegründeten „Sauerländer Heimatbund" ernsthaft in Angriff genommen wurde. 1924 erhielt der Dombaumeister Kurt Matern aus Paderborn den Auftrag, eine „Kapelle zu Ehren der Friedenskönigin" zu entwerfen. Am 24. Oktober 1924 wurde bereits der Grundstein gelegt, die Urkunde dazu war in hoch- und plattdeutscher sowie in lateinischer Sprache abgefasst. Die Bergkapelle möge ein Denkmal des Friedens gegen den Unfrieden der Zeit inmitten des Friedens des Waldes in Anknüpfung an eine fromme Vergangenheit an diesem Ort sein.

Auf dem Gelände einer alten Wallburg, von der noch heute Mauerreste zeugen, wurde das kleine Gotteshaus errichtet. Forschungen sagen, dass der erste Burgbau bereits vor Christi Geburt als Erdwall erfolgt sei. In der karolingischen Zeit wurde auf dem Borberg bereits ein Kirchlein errichtet. Die Bezeichnung „Glockenpfad" für den Weg von Olsberg zum Borberg sowie die Sage, dass Bigges älteste Glocke aus der einstigen Borbergkirche stamme, sprechen für den frühen Kirchbau an dieser exponierten Stelle. Von diesem alten Kirchlein hat der Platz in luftiger Höhe auch den Namen „Borbergs Kirchhof" bekommen.

Am 21. Mai 1925 wurde die Einweihung groß gefeiert. Rund 3000 Gläubige, so die Chronik, waren gekommen. Die Kapelle war bunt geschmückt und Propst Dr. Brockhoff

c

d

e

aus Brilon zelebrierte das Hochamt, Rektor Johannes Hatzfeld aus Paderborn hielt die Predigt, der Briloner Cäcilienchor und der Olsberger Jungfrauenverein musizierten, die Musikkapelle des Bigger Josefsheimes begleitete das Hochamt und auch nachmittags die Maiandacht. Ein volkstümliches Fest schloss sich an.

Später war die im Inneren fast spartanisch eingerichtete Kapelle immer wieder Mittelpunkt von Feierlichkeiten. 1929 wurde das Kirchweihfest erstmals im Juli gefeiert, an dem Sonntag, der dem Fest der „Königin des Friedens" (9. Juli) am nächsten liegt. Und dabei blieb es: Jahr für Jahr wurde das Fest mit einer Prozession über den Kreuzweg hinauf zur Kapelle gefeiert.

Es war mehr oder weniger Zufall, dass mit dieser Regelung der bereits vor Jahrhunderten herrschende Brauch, am Kilianstag (8. Juli) auf den Borberg zu pilgern, wiederbelebt und somit an eine uralte Tradition anknüpft wurde.

In den folgenden Jahren war der Borberg wiederholt Begegnungsstätte mit französischen Freunden und Jugendgruppen, die – ihrer Zeit weit voraus – in einer deutschfranzösischen Freundschaft die Voraussetzungen für einen europäischen Völkerfrieden erkannt hatten. Erstmals am 13. September 1931 stand ein Friedensfest bei der Kapelle auf dem Plan. Als Hauptredner war Abbé Franz Stock zu Gast. Der Bezirk Ostwestfa-

len des Friedensbundes Deutscher Katholiken begrüßte dabei mehrere Hundert Teilnehmer, auch aus dem Paderborner und Bürener Raum sowie eine Gruppe französischer Studenten aus der Vereinigung „Gefährten des heiligen Franz". Mehr als 50 Jahre später, im Jahre 1983, fand das nächste Friedenfest an dieser Stelle statt, es war Franz Stock, dem „Boten des Friedens", gewidmet, wie der ehemalige Gefangenenseelsorger von Paris und Freund der von der Gestapo zum Tode verurteilten Widerstandskämpfer genannt wird.

Das Friedensfest 1988 stand unter dem Motto „Auf dem Wege zu einem christlichen Europa". Dieses Motto war wie ein Omen: Im Jahr darauf öffnete sich der „Eiserne Vorhang" ...

Für Christen der Gegend ist die Kapelle im Laufe des Kirchenjahres ein beliebter Wallfahrtsort: Jedes Jahr am Karfreitag führt der Kreuzweg ab Olsberg die Wallfahrer auf den Borberg. Außerdem finden am 1. Mai und am Pfingstmontag heilige Messen vor der Kapelle statt. Schützenwallfahrten der Vereine aus den umliegenden Dörfern stehen alle zwei Jahre auf dem „Schießplan"

und kirchliche Gliederungen wie KAB, Kolping und Caritas besuchen bei ihren eigenen Wallfahrten regelmäßig die Kapelle.

Außerdem führt der Pilgerweg St. Michael direkt an der Wallfahrtskapelle vorbei.

a. Idyllisch auf einsamer Höhe gelegen: die der „Königin des Friedens" gewidmete Borbergkapelle.

b. Der plattdeutsche Spruch über der Eingangspforte beweist die Bodenständigkeit der Erbauer.

c. Das Altarbild wird beherrscht von der Gottesmutter Maria.

d. Sehenswert sind auch die auf dem Plateau stehenden Kreuze.

e. Gedenktafel an die Friedenstreffen auf dem Borberg.

Hillige Sele
Borchen-Dörenhagen

Unter uralten Lindenbäumen liegt sie auf einer Anhöhe und scheint über das im Tal liegende Dörenhagen zu wachen: Die Kapelle „Hillige Sele".

Wünschelrutengänger haben bestätigt, was die Kapellenerbauer vor über 900 Jahren schon ahnten: Der Standort des kleines Gotteshauses ist ein ganz besonderer Ort. Von der Bergeshöhe gehen sternförmig Wasseradern und Kraftquellen aus, die im Kappelleninneren deutlich zu spüren sind. Deswegen kann man davon ausgehen, dass diese Stelle schon immer ein Heiligtum war, denn Heiligtümer sind, so die herrschende Meinung, Kraftquellen für Menschen, die ihren Weg suchen.

Seit dem Mittelalter, der romanische Chorraum stammt aus der Zeit um 1100, hat das kleine Gotteshaus alle Stürme der Zeit überstanden. Seine Lage ist strategisch ausgezeichnet: Zu Zeiten der Sachsen führte der „Bangernweg" direkt an ihr vorbei und gar nicht weit entfernt ging später die alte Handels- und Pilgerstraße „Via regia" an der Kapelle vorbei.

Verschiedene Legenden ranken sich um die Auswahl gerade dieses Standortes: Einmal wird von einem kostbaren Schatz berichtet, von dem ein Dörenhagener Soldat während seiner Dienstzeit erfahren habe und den er dann an der „Hilligen Sele" gefunden habe. Eine andere Sage berichtet von einem Schäfer, der in einem Dornbusch ein hell strahlendes Kreuz gefunden habe, dieses in die Domkirche gebracht und am nächsten Tag wieder in dem Busch auf dem Berg wiedergefunden habe.

Eine dritte Legende spricht davon, dass der heilige Meinolf zu Lebzeiten des Heiligen Bischofs Baduard von Paderborn genau an dem Ort, wo jetzt die Kapelle steht, eine heilige, mit viel Glanz umgebene Seele habe vom Himmel herabgleiten sehen. Für ihn der Beweis, dass Gott als Himmelsbewohner diesen Ort zu seinem eigenen Lob und Ruhm auserwählt habe. Die Bedeutung des Namens ist ebenfalls umstritten: Einige deuten ihn als „heilige Zelle", andere im Hinblick auf den späteren Einsiedler als „heiliger Mann".

1945, wenige Wochen nach Ende des 2. Weltkrieges, reimte der Paderborner Artur Panneberg folgende Verse, die treffender kaum die „Hilligen Sele" beschreiben können:

Wo mit schattigen Kronen uralte Linden
zwischen wälderumkränzten Höhen steh'n,
vom einsamen Wanderer sehr bald zu finden,
ist ein kleines, steinaltes Kapellchen zu seh'n.

Es ist die Kapelle „Zur hillen Sele"
inmitten von Feldern und wogendem Korn;
weit grüßt sie ins Land und kann uns erzäh-
len
vom Schicksal der Dörfer rings um Pader-
born.

Hör' ich die Wipfel der Linden rauschen
und sehe die Felder im Sonnenschein,
dann möcht' ich dem
Rauschen der Blätter lauschen,
die künden von Alterslast, Mühe und Pein.

Doch wenn im Juni die Sensen klingen,
auf Äckern leuchtet der blutrote Mohn,
dann höre ich betende Wallfahrer singen
und seh' ein große Prozession.

Dann rauschen die Linden, die grünen Wälder
und Glocken tönen vom Dorf über's Land,
dann wandert der Heiland
durch Fluren und Felder
und segnet hier alles mit liebender Hand ...

Mit dem Bau wurde um 1100 begonnen. Bei der Renovierung der Kapelle im Jahre 2004 wurde von der Verantwortlichen der Denkmalschutzbehörde die Vermutung geäußert, dass mit dem ersten Bau schon 100 Jahre früher begonnen wurde. Die Kapelle wurde für die vielen Wallfahrer und Pilger aber bald zu klein und so bat Eremit Conrad, der sich in einer Klause neben dem kleinen Gotteshaus niedergelassen hatte, 1406 den Fürstbischof Wilhelm von Berg um eine Erweiterung. Davon ist heute nichts mehr vorhanden. Der Dreißigjährige Krieg und die Plünderung Paderborns, nach der schwedische Truppen am 22. Mai 1646 in die „Hillige Sele" eindran-

c

gen, sich an dem Opferstock bereicherten und die Kapelle beschädigten, hinterließen schlimme Spuren. Aber schon in den letzten Kriegsjahren ordnete der Archidiakon und Dompropst, der spätere Fürstbischof Theodor Adolf von der Recke den Wiederaufbau an. Er ließ das Dach mit „Pannensteinen" aus Salzkotten neu eindecken und ein Türchen mit Kreuz und Fahnen aufsetzen. Eine weitere Renovierung stand 1659 bis 1663 an.

Meister Heinrich aus Münster lieferte für 10 Taler ein neues Altarbild mit der Darstellung der Heiligen Familie. Das Holz für Giebel und Fensterrahmen sowie die Kommunionbank stiftete zum Teil die Familie von Calenberg zu Westheim. Um diese Zeit bestand der Wallfahrtsort aber nicht nur aus der Kapelle, ein Musikantenhäuschen und ein sogenanntes „Heiliges Häuschen vor dem grünen Kamp" komplettierten das Ganze. Weitere Heiligenhäuschen mit Motiven aus der Leidensgeschichte Jesu wurden errichtet. Heute führt der 1876 errichtete Kreuzweg von der Kreisstraße zur Kapelle. Zur Johannesprozession 1663 waren die Arbeiten beendet, eine Gesamtsumme von 949 Talern, 18 Schillingen und 11 ½ Pfennigen kostete diese Maßnahme.

1792 wurde die Klause abgebrochen, nachdem der Eremit weggezogen war, die Kapelle wurde restauriert und die letzte grundlegende Renovierung erfolgte 2004.

Das heutige Altarbild zeigt die Kreuzesabnahme mit Maria. Die drei Altäre zeigen das

d

Wappen des früheren Dompropstes von Sinzig. Am linken Seitenaltar stehen die Statuen von Maria und Johannes, rechts ist die Pieta (Maria mit dem Leichnam Jesu im Schoß) postiert.

Seit 1995 findet am Heiligen Abend um Mitternacht in der Kapelle eine Christmette statt, am Dreikönigstag steht ein Weihnachtssingen auf dem Programm.

Die „Hillige Sele" steht seit Jahrhunderten ganz im Zeichen des Verehrung und Wundertätigkeit des Kreuzes. Der Diebstahl des Kruzifixes aus dem 11. Jahrhundert in der Nacht zum 26.März 1972 tat der Anziehungskraft der Kapelle keinen Abbruch. 1975 wurde, da die Fahndung nach den Tätern erfolglos blieb, ein neues Kreuz angeschafft, das mit einer authentischen Kreuzpartikel versehen wurde, die Erzbischof Johannes Joachim Degenhardt stiftete.

Fotos:
a. Idyllisch unter uralten Linden liegt die Wallfahrtskapelle „Hillige Sele".
b. Blick in das Innere der Kapelle.
c. Das Reliquienkreuz in der Kapelle. (Foto: Claudia Auffenberg)
d. Auch vor der Pieta beten Wallfahrer und Pilger.

a

b

Lourdesgrotte
Borgentreich

Wer zufällig hierher kommt, reibt sich verdutzt die Augen: Das gibt es doch nicht ... Aber wer kommt schon zufällig hierher, in den ehemaligen Steinbruch am Stadtrand von Borgentreich, nicht weit von der Straße, die von dem ostwestfälischen Städtchen nach Muddenhagen führt?

Und wo sich ihm ein beeindruckendes Bild bietet: Eine Nachbildung der berühmten Wallfahrt-Grotte von Lourdes in etwas verkleinerter Form. Diese Lourdesgrotte ist die größte ihrer Art in Westfalen. Wie kommt diese Grotte, die sich in über 100 Jahren zum Ziel von vielen 100 000 Wallfahrern entwickelt hat, ausgerechnet in diesen kleinen fast am Ende der Welt liegenden Ort?

Eigentlich ganz einfach: Im Jahr 1900 hatte Maria Fiorentini, die Schwester des Borgen-

treicher Schulleiters Heinrich Fiorentini, eine Wallfahrt nach Südfrankreich unternommen. Tief beeindruckt begeisterte sie nach ihrer Rückkehr die Borgentreicher Bürger für eine Nachbildung der Erscheinungsgrotte. Die Geschichte von der 14–jährigen Bernadette, die 1858 in den Pyrenäen mehrere Marien-Erscheinungen erlebt hatte, faszinierte sie. Gemeinsam mit dem Bildhauer Clemens Brilon und tatkräftiger Hilfe der Bürger wurde die „Borgentreicher Lourdes–Grotte" errichtet. Sie wurde im Mai 1902 im ehemaligen städtischen Steinbruch, dessen gebrochene Steine für den Neubau der Borgentreicher Kirche verwandt worden waren, eingeweiht. Bei dem Aussehen der Marienfigur war es zuvor aber zu Meinungsverschiedenheiten gekommen. Aber Signorina Fi-

orentini setzte sich durch, beschrieb einem Bildhauer anschaulich die der Bernadette in Lourdes erschiene Mutter Gottes und so steht in Borgentreich seitdem eine schöne Dame, in einem weißen Gewand mit einem blauen Gürtel, einen Rosenkranz im Arm und auf den Füßen eine goldene Rose ...

Ein Jahr später kam die Figur der Bernadette hinzu.

Im Laufe der folgenden Jahre kamen noch weitere Grotten mit dem Gekreuzigten und Statuen des heiligen Bernhard von Clairvaux, einer der größten Marienverehrer seiner Zeit, sowie des Erzengels Gabriel dazu. Wann das war, ist allerdings weder dokumentiert noch mündlich überliefert. Bei dem heiligen Bernhard ist beachtenswert, dass dieser im 11. Jahrhundert lebende Ordensbruder der Na-

C

menspatron der Schwester Maria Bernhardus ist, wie die Bernadette von Lourdes nach ihrem Eintritt ins Kloster gerufen wurde.

Aber immer noch hielt sich die Amtskirche zurück. Erst 40 Jahre später wurde die erste kirchliche Andacht an der Grotte gehalten. 1978 erhielten die „Verehrer der Gottesmutter von Lourdes in Borgentreich" den besonderen Segen des Papstes durch einen handschriftlichen Zusatz auf der vorgedruckten Urkunde. Gesegnet wurde allerdings nicht die Nachbildung der Grotte, sondern ausdrücklich die Besucher derselben.

Seit dem 21. Juni 1989 steht das Ensemble als eines der wenigen in Deutschland mit dem Zusatzvermerk „Eindrucksvolle Gesamtanlage als Ausdruck der Volksfrömmigkeit an historischer Stelle" unter Denkmalschutz. 1982 wurden die urspünglichen geschnitzten Pendeltore am Eingang durch verzinkte eiserne ersetzt und vor der Grottenanlage legte die Stadt einen Parkplatz an. Die Eigentumsfrage war lange nicht ganz geklärt, aber am 28. Dezember 1993 wurde das Grottengrundstück offiziell der Pfarrei Borgentreich von der Stadt im Rahmen eines Flurbereinigungsverfahrens übertragen.

Während des 2. Weltkrieges suchten Borgentreicher Bürger die Grotte auf, um Schutz vor feindlichen Luft- und Panzerangriffen zu finden. So auch am 1. Ostertag 1945, als Borgentreich von amerikanischen Panzern beschossen wurde. Heute noch berichten

Dorfbewohner dankbar davon, die damals mit ihren Eltern in die Grotte flohen.

In den 60-er und 70-er Jahren des vergangenen Jahrhunderts war die Borgentreicher Grotte beliebtes Ziel von Sintis und Romas, die als besondere Verehrer der Mutter Gottes gelten. In Familienverbänden oder als ganze Sippe reisten diese Wallfahrer an und standen mit ihren Wohnwagenkolonnen tagelang auf den Wiesen vor Borgentreich.

Heute wird die Grottenanlage überwiegend von Pilger- und Wallfahrergruppen aufgesucht, aber auch Einzelpilger und zahlreiche Touristen haben die Grotte zum Ziel. Mit Autobussen reisen Wallfahrer an, die größtenteils im vorgerückten Alter und nicht mehr gut zu Fuß sind.

Eines haben die Grottenbesucher gemeinsam: den unerschütterlichen Glauben an die Hilfe der Gottesmutter. So ist die Frau mittleren Alters, eine Mutter, die für ihren seit Jahren im Wachkoma liegenden Sohn Tag für Tag zwei Kerzen zu Füßen von Maria entzündet, sicherlich nicht die Ausnahme. Denn zahlreiche handgeschriebene oder auch geschnitze Dankesbotschaften haben die Gläubigen an den Wänden der Grotte befestigt, um so ihre tiefe Verehrung zu zeigen. „Dankbarkeit ist das allerschönste Gefühl, das ich Dir geben kann", schrieb eine Wallfahrerin, die seit der Befreiung von ihren Gliederschmerzen Jahr für Jahr den Weg nach Borgentreich findet. Die auch dankbar die ständige Entwicklung zur Kenntnis nimmt, in der sich die Grottenanlage unaufhaltsam befindet. Die von Jahr zu Jahr „wachsende" Grottenanlage beherbergt auf verhälnismäßig kleinem Raum verschiedene Andachtsbezirke, die sich um die Statuen der knieenden Bernadette, des Erzengels Gabriel, des heiligen Bernhard sowie einen Kalvarienberg gebildet haben. Zusammen mit der ursprünglichen Mariengrotte bilden sie heute ein stimmungsvolles

Ensemble, das durch einen 1665 errichteten Bildstock ergänzt wird, dessen Rundnische zwar durch ein Gitter gesichert ist, der aber keine Skulptur mehr beherbergt. Daneben steht das vermutlich 1948 eingesegnete Steinkreuz mit der Inschrift „Im Kreuz ist Heil".

Für Wallfahrer und Pilger, für Betende und Bittende ist dieser Ort, ist die gesamte Grottenanlage, ein stiller Andachtsraum, ein Refugium der Stille, das ihn zum Verweilen und Besinnen, das ihn zum Gebet einlädt.

Dass die Grotte zu jeder Tageszeit einen ordentlichen Eindruck macht, ist die Arbeit freiwilliger Helfer. Jeden Morgen wird gefegt, werden Kerzenreste weggeräumt, werden die Blumen gegossen und im Frühling wird neu bepflanzt.

Die Grotte steht unter dem Namen „Maria Heil der Kranken". Die zahlreichen Voltieftäfelchen beweisen mehr als viele Worte, wievielen Betern geholfen und Bittstellern Trost zuteil geworden ist. Und die 100 000 Kerzen, die Jahr für Jahr angezündet werden, sind sichtbare Zeichen des Dankes …

Fotos:
a. Gelungene Nachbildung:
   die Borgentreicher Lourdesgrotte.
b. Dankschreiben und Dankesgaben
   von Wallfahrern.
c. Ein sorgsam gepflegter Garten prägt
   den Wallfahrtsort.

Klus Eddessen
Borgholz

„Es ist schon merkwürdig, an dieser Einsiedelei hängt der Gebetshauch vergangener Jahrhunderte", schrieb 1946 die Zeitung „Westfälisches Volksblatt" über die wiederaufblühende Frömmigkeit im Erzbistum nach dem 2. Weltkrieg. Die Rede ist von der Kapelle Klus Eddessen.

„Klus" ist plattdeutsch und heißt „Klause". Und „Eddessen" ist der Name eines Dorfes unweit von Borgholz. Die Legende erzählt, dass hussistische Söldner 1447 in der Soester Fehde beim Rückzug an die Weser das Dorf, das eine eigene Kirche besaß, in deren Einzugsbereich die umliegenden Ortschaften lagen, dem Erdboden gleich gemacht hätten. Die Legende erzählt weiter, dass die Magd des damaligen Pfarrers die heiligen Gefäße und die Kreuzpartikel, die größten Schätze des Gotteshauses, dadurch rettete,

dass sie diese im Dorfbrunnen versteckte. Um den Blick der Söldner zu trüben, goss sie außerdem Milch in den Brunnen. Nachdem die Hussisten abgezogen waren, sahen die Gläubigen, so erzählt die Legende weiter, über dem Brunnen ein Gefäß schweben, in dem die Kreuzpartikel unversehrt aber unerreichbar lagen. Nur der Borgholzer Pfarrer war in der Lage, sie zu greifen, zu bergen und in der Kirche von Borgholz in Sicherheit zu bringen.

Von dem Dorf ist heute nichts mehr zu sehen, aber es steht fest, dass auf den Grundmauern der früheren Eddesser Pfarrkirche „Zum Heiligen Kreuz" die heutige Wallfahrtsstätte Klus Eddessen errichtet wurde. Angeschlossen war eine armselige Klause, die einem Einsiedler als Quelle seines bescheidenen Daseins diente.

Die Erinnerungen an die frühere Kreuzverehrung an diesem Ort, der abgeschieden heute mitten im Wald liegt, blieb immer erhalten. Auch noch, als die Borgholzer Gemeinde sich 1856 entschloss, die Kapelle abzureißen und eine neue zu errichten. Vier Jahre später wurde die Einsiedelei dazu gebaut.

Der Splitter vom heiligen Kreuz, der kostbarste Besitz der Borgholzer Gemeinde, bestimmt die Termine und die Inhalte der Wallfahrten nach Klus Eddessen. An erster Stelle stehen die Prozession zum Fest der Kreuzauffindung am 3. Mai sowie die Wallfahrt zum Fest der Kreuzerhöhung am 14. September, eventuell an den folgenden Sonntagen nach diesen Daten: Von Borgholz aus ziehen dann die Gläubigen aus Borgholz und Natingen zur „Klus". Und sie tragen in ihrer Mitte das Allerheiligste sowie

c

d

e

die Kreuzreliquie, ehe traditionell eine Heilige Messe unter freiem Himmel gefeiert wird. Aber auch kleinere Wallfahrten umgeben wie ein Strahlenkranz den Ort, an dem die Kapelle steht. Am Pfingstmontag kommt eine Prozession aus Dalhausen, am Gründonnerstagabend eine Männergruppe aus Borgholz, Frauen pilgern am Karfreitagmorgen zur Klus. An der Kapelle angekommen, wird in allen Fällen der Kreuzweg gebetet. Dieser „Ölberggang" endet an der letzten Station, die unmittelbar neben dem Efeugrab des Bruders Ubaldus liegt. Lange Zeit war Kapuzinerbruder Michael als Klausner in der Klus, der das entsagungsvolle Dasein in der Waldeinöde auf sich nahm.

In den letzten Jahren sind auch verstärkt Wallfahrten von Altengemeinschaften, verschiedenen Frauengruppen und besonders auch von Jugendlichen zu beobachten. Hauptgrund für diese Wallfahrten dürften der mögliche Kontakt und die Gespräche mit dem Einsiedler sein. In früheren Jahren war sicherlich ein wichtiger Grund der Ablassbrief von Papst Pius VI. vom 26. April 1782. Beim Neubau der Kapelle 1856 wurden ausschließlich „gute Bruchsteine" verwendet, Fenster und Türen hingegen wurden mit vorhandenen „gewöhnlichen Steinen in Rundbogenform" gemauert. Die Fensterverglasug zeigte Darstellungen von Heiligen in neugotischer Kleidung. Auf das Dach wurde

ein Türmchen mit einem eisernen Kreuz mit Hahn gesetzt. Am 3. Mai 1857 erfolgte sie feierliche Einweihung durch Pfarrer Jacke. Am 3. September 1859 erhält Bruder Ubaldus die Erlaubnis zum Einzug in die Einsiedelei. Dann bestimmen viele „Zufälle" die Innenausstattung und das Umfeld der Kapelle: Bruder Ubaldus hatte im selben Regiment gedient wie Freiherr August Ernst von Amelunxen, welcher der Klus ein in Leder gebundenes Meßbuch schenkt. Ein Kreuzweg rund um die Klus mit 14 Stationen wird eingeweiht. Bruder Ubaldus, ein gelernter Tischler, fertigt selbst den Altar der kleinen Kapelle. Die ersten Glasfenster werden durch Spenden finanziert. Der Kunstmaler Ewertz aus Münster, ein Freund von Ubaldus aus der Militärzeit, schenkt diesem zum 25-jährigen Eremitenjubiläum für seine Klus ein Standbild des heiligen Joseph sowie eine Antonius-Statue.

Bruder Ubaldus wird sehr bald im ganzen Umkreis mit „seiner Klus" identifiziert. So wundert es niemanden, dass er nach seinem Tod 1915 in unmittelbarer Nähe davon seine letzte Ruhestätte findet, in einem hölzernen Sarg, den er noch zu seinen Lebzeiten selbst gezimmert hat, und in dem er, so wird erzählt, in den letzten Jahren seines Einsiedlerlebens sogar geschlafen hat ...

Danach wechselten die „Klausner", von denen aber keiner weder die Zahl der Ere-

mitenjahre noch die Popularität von Bruder Ubaldus auch nur annähernd erreichen konnte. Eine Ausnahme bildet Schwester Renate Becker, die über 14 Jahre von September 1994 bis zum November 2008 in der Einsiedelei lebte. Schon jetzt steht fest, dass auch sie ihre letzte Ruhestätte auf dem Gelände der Klus finden wird ...

In den letzten Jahren wurde Elektrizität zur Klus Eddessen verlegt, die Einsiedelei erhielt einen Telefonanschluss und ein neuer Trinkwasserbrunnen wurde gebohrt. Der alte Klusbrunnen erhielt eine Überdachung und für die immer zahlreicher werdenden Besucher wurde ein neuer Parkplatz angelegt.

Fotos:

a. Ein Juwel unter den Wallfartskapellen im Erzbistum: die „Klus Eddessen" bei Borgholz.

b. Das mit Efeu bewachsene Grab von Bruder Ubaldus.

c. Der Kreuzweg mit 14 Stationen endet direkt an der Kapelle.

d. Der Altar der Kluskapelle.

e. Die Pfarrkirche Mariä Verkündigung in Borgholz.

Annenkapelle
Brakel

Vor über 500 Jahren wurde sie zum ersten Mal aktenkundig: die Annenkapelle am Stadtrand von Brakel. Sie ist ein wichtiges Zentrum der in dieser Gegend weit verbreiteten Annenverehrung. Am 16. Juni 1513 wird dieses sakrale Bauwerk erstmals dokumentiert, als der päpstliche Notar Nicolaus da Silva den Empfang einer Bittschrift an Papst Leo X. bestätigt, in der der damalige Brakeler Pfarrer Johannes Funke Beschwerde gegen den Paderborner Bischof führt wegen der Beschränkung seiner Pfarrrechte und der Kürzung der ihm aus der Annenkapelle zufallenden Opferspenden.

Da diese vermutlich nicht unerheblich waren, kann auf einen schon damals starken Besuch des kleinen Gotteshauses geschlossen werden. Am dritten Pfingsttag desselben Jahres war die damalige Annenkapelle vom Bischof geweiht worden.

Der heutige Bau soll um das Jahr 1700 an nahezu derselben Stelle errichtet worden sein, an dem die ursprüngliche Annenkapelle stand. Darauf deutet auch die lateinische Inschrift über dem Portal hin, auf der übersetzt zu lesen ist: „Diese Kapelle ist zu Ehren Gottes und aus besonderer Verehrung der heiligen Anna erbaut worden". Der Neubau liegt aber knapp außerhalb der früheren Stadtmauern.

Das kleine Gotteshaus ist im barocken Baustil errichtet worden und der Altarraum stellt, für diesen Stil typisch, ein Achteck dar. Ihm ist eine offene Halle vorgelagert. Das Dach des Vorbaus wird durch Säulen bzw. Pfeiler gestützt. Es ist, wie auch das gesamte Kapellendach, stilgerecht nicht mit Schiefer oder Dachziegeln gedeckt, sondern mit Steinplatten aus dem Solling.

Der Innenraum ist acht Meter lang, das Licht fällt durch vier Fenster mit Rundbögen ein. Die Fenster sind bleiverglast und zeigen biblische Motive.

Drei Wandgemälde verzieren das Innere des kleinen Gotteshauses: Im Westen ist die Verkündigung zu sehen, im Osten hat der Künstler die Begegnung zwischen Elisabeth und Maria auf dem Putz verewigt und unter der Decke ist die gesamte Heilige Familie auf dem Kunstwerk versammelt.

In der Westwand der Kapelle befindet sich eine Nische, daneben ein altes Weihwasserbecken. Beides lässt auf einen früheren Eingang an dieser Stelle von der Straße her schließen. Denn der sakrale Bau liegt unmittelbar an der alten Provinzialstraße, der heutigen Ostwestfalenstraße. Wegen dieser Lage wollten die Nazis die Kapelle als Vekehrshindernis abreißen lassen, was Gott sei Dank verhindert werden konnte.

Im Jahr 1719 wurde die historische Annenkapelle von der Adelsfamilie zu Asseburg, Graf und Herr zu Hinneburg, von Grund auf neu errichtet, um der Tradition Genüge zu tun. Denn seit mehr als 500 Jahren pilgern Jahr für Jahr Gläubige aus nah und fern zur Annenkapelle, um die heilige Mutter Anna, die Mutter Marias und Großmutter Jesu, zu verehren und zu ihr zu beten.

Der Brakeler Annentag wird immer am ersten Augustwochenende gefeiert und ist auch im weiten Umkreis zu einem besonderen Festtag geworden. Kirchlicher Höhepunkt des Festes ist dabei die feierliche Prozession am Sonntag von der Pfarrkirche Sankt Michael zur Annenkapelle.

Diesem kirchlichen Fest geht eine „Novene", eine neun Wochen dauernde Gebetsreihe, voraus: An jedem Dienstag wird dann in der Annenkapelle um 19.30 Uhr eine heilige Messe gefeiert, in der nach alter Tradition jedes Mal für ein anderes Anliegen gebetet wird. Diese besonderen Messen sind auch in der heutigen schnelllebigen Zeit für viele Gläubige besonders wichtig.

Die Prozession am Annentag ist das wichtigste Ereignis im religiös geprägten Geschehen. Sie hat eine sehr lange Vergangenheit, denn es wird berichtet, dass schon zu Beginn des 16. Jahrhunderts große und großzügige Pilgerscharen zur Annenkapelle gekommen sind. Deshalb auch die oben erwähnte Beschwerde an den Papst.

Die Leitung der Prozession war zunächst durch Fürstbischof Hermann Werner dem Brakeler Ortspfarrer zugesprochen. Ab 1716 haben dann der Domkämmerer von der Lippe und später die Archidiakone des Brakeler Bezirks den Ortspfarrer ersetzt. Sie alle nahmen selbst an der Prozession teil oder schickten einen Kommissar, der ihnen einen genauen Nachweis über die Höhe der Opferspenden vorlegen musste. Heute liegt die Leitung wieder beim Ortspfarrer von St. Michael.

Nach der Prozession wird eine feierliche Messe vor dem Vorbau der Kapelle zelebriert, oft von einem Gastprediger aus Paderborn.

Der schattige Weg von der Straße zur Kapelle wird von uralten Linden gesäumt, um die auch schon ein Streit entbrannte: 1892 schrieb die Landesbauinspektion an die Stadt Brakel, ein Lindenbaum stehe auf dem Boden der Provinzialverwaltung. Er müsse weg oder käuflich erworben werden. Im Übrigen gehöre der Stadt nicht der Grund und Boden der Kapelle, wohl aber das Land mit den vor Jahrhunderten gepflanzten Linden. Passiert ist nichts und so dürfte dieser undurchsichtige Besitzstand heute noch gültig sein ...

a. Beim Annentag festlich geschmückt: die Annenkapelle unter Linden am Stadtrand von Brakel.

b. Der Altar besticht die Kapellenbesucher ohne unnötige Schnörkel.

c. Die Figur der heiligen Anna fehlt natürlich in der Annenkapelle nicht.

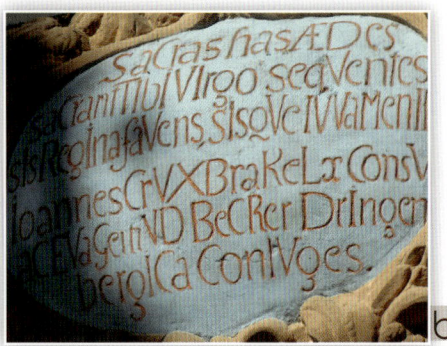

Kapelle Mariä Heimsuchung

Sie steht am Rande des Rieseler Waldes und fällt dem Besucher sofort ins Auge: Die Wallfahrtskapelle Mariä Heimsuchung in Riesel, dem kleinen „Vordorf" von Brakel. Ursprünglich stand sie auf adeligem Boden und gehörte den Grafen von Bockholtz-Asseburg, doch durch eine Vereinbarung vom 12. Mai 1863 steht der Gemeinde Riesel das Recht zu, „den Kapellenplatz zu gottesdienstlichen Zwecken nach katholischem Ritus zu nutzen". Die Nutzung der darauf wachsenden Bäume eingeschlossen. Das Baujahr des kleinen Gotteshauses ist 1739, Bauherr waren der damalige Bürgermeister Johannes Crux aus Brakel und seine Ehefrau Eva Gertrude aus Dringenberg. In der Kapellentür weist eine Inschrift auf die Mutter Gottes als Patronin hin „Dieses Heiligtum weihen wir dir, o Jungfrau, sei eine

wohlwollende Königin und Helferin". In dieser Inschrift sind einzelne Buchstaben typographisch hervorgehoben, sie sind römische Zahlenzeichen und deren Summe ergibt die Jahreszahl 1739.

1834 musste die Kapelle, die von den meisten Heimsuchungskapelle genannt wird, aber mit vollem Namen Kapelle der Heimsuchung Mariä heißt, renoviert werde. Es wurde auch ein neues Altarbild eingefügt, das heute nicht mehr vorhanden ist.

Das Kapelleninnere hebt sich von vergleichbaren Gotteshäusern in der Umgebung besonders ab, denn der Altar, aus Alabaster gearbeitet und im Barockstil gefertigt, ist eine echte Sehenswürdigkeit. Er wurde fünf Jahre vor dem ursprünglichen Kapellenbau 1734 von dem Bildhauer Christophel Papen aus Giershagen geschaffen. Nach der Chro-

nik soll er zuerst in der Kapuzinerkirche in Brakel gestanden haben. Als das Kloster 1840 aufgehoben wurde, fand er in der Rieseler Kapelle einen neuen würdigen Standort. Damals befand sich unten im Altar noch ein altes Gemälde, das die Krönung Mariens zeigte. 1844 wurde das Kapellendach neu gedeckt und fünf Jahre später wurden zwei Lindenbäume, die den Grundstock für die heutige kleine Lindenallee bildeten, gepflanzt.

1907 wurde die Kapelle ausgemalt und die vorhandene Malerei erneuert, sechs Jahre später stand wieder eine Renovierung an. Die Mittel hierfür wurden gestiftet, 135 Mark kostete allein die eichene Eingangstür, die schmiedeeisernen Beschläge zusätzlich 95 Mark.

c

d

e

Das Aloysius–Bild aus dem Jahr 1751 weist eine Besonderheit auf: Unten links ist ein kleines Bild von dem Eremiten–Haus eingefügt und dazwischen erscheint der Eremit. Die Kapelle ist ein fast quadratischer weißgetünchter Fachwerkbau, der sich vom frischen Grün des Waldes abhebt. Heute ist die Kapelle im Eigentum der Rieseler Kirchengemeinde St. Marien und St. Georg. In der Frühsommerzeit, in den Monaten Mai und Juni, werden hier heilige Messen gelesen.

In jedem Jahr lädt die kfd (Katholische Frauengemeinschaft Deutschlands) zur großen Lichterprozession ein. Dazu machen sich jährlich zwischen 300 und 400 Frauen aus dem gesamten Dekanat Höxter auf den Weg zum Marienbild in der idyllisch gelegenen kleinen Kapelle.

Ein weiterer Höhepunkt im Jahreskreis der Kapelle ist das Fest Mariä Heimsuchung, bei dem nicht nur das Patronatsfest gefeiert wird, sondern traditionell auch das große Schützenfest der Dorfgemeinschaft. Das ganze Dorf pilgert dann zu dem großen

Kreuz am Waldrand, das Anfang der 60er Jahre anlässlich eines Jugendbekenntnissonntags unweit der Kapelle errichtet wurde. „Es ist für mich immer wieder bewegend, wenn ich erlebe, dass die Festteilnehmer auf diesem mit Blumen und Fahnen geschmücktem Platz plötzlich ganz still werden und innig um die Fürsprache Marias beten", sagt Pfarrer Willi Koch, Leiter der Pastoralverbünde Brakeler Bergland und Nethegau, die 2014 zum Pastoralen Raum Brakeler Land zusammen geschlossen werden.

In den Jahren 2009 und 2010 wurde die Kapelle erneut restauriert. Der Zahn der Zeit hatte auch an diesem Kleinod genagt: Nicht nur zahlreiche tragende Teile des Baus waren marode, auch durch die Ausdehnung der Wurzeln der uralten Lindenbäume war der Kapellenboden aus seiner ursprünglichen Lage gehoben worden. Eine langandauernde denkmalgerechte Restaurierung war notwendig. Die gesamte Kapelle musste für diese Zwecke angehoben werden und stand während der zweijährigen Bauzeit zeitweilig

auf „Stelzen". Im Juni 2010 war endlich alles abgeschlossen, auch die Kapellenfenster von 1913 erstrahlten in neuem Glanz. Die Kapelle wurde von Weihbischof Hubertus Berenbrinker neu gesegnet und die Gläubigen aus Riesel beteten voll Inbrunst das „Ave Maria". Die Wiese rund um die Kapelle erwies sich bei dieser Festmesse fast als zu klein.

Noch eine sehenswerte Kapelle, die zu Brakel gehört, die Holsterkapelle, von vielen nur Schneekapelle genannt. Errichtet wurde sie 1843. Ihr Name leitet sich von ihrem Weihetag ab, dem 5. August, an dem im Jahr 431 die Basilika Santa Maria Maggiore in Rom geweiht wurde. Bei der Wahl ihres Standortes soll der Legende zu Folge Schnee auf dem Hügel Roms, auf dem sie dann errichtet wurde gefallen sein.

a. Von Fahnen flankiert: die Kapelle Mariä Heimsuchung in Riesel.

b. Der Stein über dem Eingang enthält verschlüsselt das Baujahr des kleinen Gotteshauses.

c. Der Altar aus Alabaster ist eine Arbeit aus dem Jahr 1734.

d. Das Kreuz auf der Kapellenwiese wurde in den 60er Jahren anlässlich eines Jugendbekenntnistages errichtet.

e. Die bunten Kirchenfenster stammen aus dem Jahr 1913.

Kapelle auf dem Halloh

Calle

Es klingt fast so, als wolle die Kapelle den Wallfahrer rufen, wenn er ihren Namen sagt: Kapelle auf dem Halloh. Eigentlich heißt sie „Kapelle zur schmerzhaften Mutter", aber kaum jemand nennt sie so ...

Niemand weiß, warum das so ist und woher der seltsame „Rufname" des kleinen Gotteshauses kommt. Ob es sich um die Verballhornung des Begriffs für einen sächsischen Viehgott oder um eine Umformung des lateinischen Wortes „lucus" (Hain oder Gehölz) handelt oder ob es ein Sprachrest ist, der auf eine heidnische Opferstätte schließen lässt, wer weiss ...

Eins steht aber fest wie die kleine Kapelle: Sie ist errichtet auf historischem Boden, denn die kleine Anhöhe zwischen Calle und Niederberge ist ein uraltes Siedlungsgebiet. Über

sie ging um 1200 ein Teilstück des großen Totenweges von Soest nach Wormbach und später befand sich hier auch eine Gerichts- und Galgenstätte mit einem Scheiterhaufen, wo Hexenverbrennungen stattfanden. Als letzte fand eine sogenannte „Butterhexe" hier den Tod. Die Bohrlöcher der Galgenpfosten waren noch lange erkennbar, bis wann hier Hinrichtungen stattgefunden haben, ist allerdings nicht überliefert. Auf dem Halloh wurden damals auch Dorfbürger, die die Pest hingerafft hatte, bestattet.

An dieser Stelle entstand 1886 eine „neue Kapelle", wie die Caller Christen damals sagten, was darauf hindeutet, dass es schon vorher eine Kapelle an diesem Ort gegeben haben muss.

Denn mit Brigitte–Elisabeth und Ferdinand Wedemhofe hatten die Caller zwei spendable Christen in ihren Reihen, die die Baukosten der Kapelle bezahlten und als Gegenleistung sich an jedem Freitag der Fastenzeit eine heilige Messe erbaten. „Zur Ehre Gottes, zum Gedächtnis des Leidens und Sterbens Christi und des Mitleidens der allerseligsten Jungfrau Maria, ihres Bräutigams, des heiligen Josef und der heiligen Barbara. Außerdem zur Beförderung der christlichen Andacht und zum Seelenheil unserer eigenen Familie", heißt es in etwas altertümlichem Deutsch in der Stifterurkunde, die der Kapelle den Namen „Zur schmerzhaften Mutter" gab.

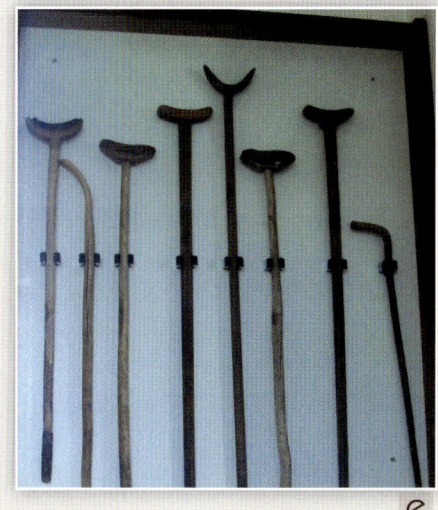

c

e

Nach dem Bau zogen zuerst nur die Gläubigen aus Calle zu der „schmerzhaften Mutter" hinauf. Doch das sollte sich bald ändern. „Fromme Männer und Frauen beteten vor dem Bild der Mutter Gottes, berührten Gegenstände an dem Bild und stellten Kerzen als Weihegabe hin", ist in der Chronik nachzulesen. Kleine Geldopfer wurden gern gegeben und Kranke ließen nach ihrer Heilung ihre Krücken in der Kapelle auf dem Halloh zurück. Damit war aus der „neuen Kapelle" eine Wallfahrtsstätte geworden. Damit hatten die Stifter nicht in ihren kühnsten Vorstellungen gerechnet. 1936 wurde auf Anregung von Pfarrer Eduard Droll die Kapelle erweitert und restauriert. Heute ist die Deckembemalung und das Altarbild wieder reichlich verblasst und eine Restaurierung dringend erforderlich. In einem Schaukasten sind acht alte Gehhilfen zu sehen, die bei Dacharbeiten auf dem Muttergotteshäuschen neben der Kapelle entdeckt wurden. Sie stammen vermutlich aus der Mitte des 19. Jahrhunderts von Gläubigen, die auf dem Halloh Hilfe erfahren haben.

Nach Ende des 2. Weltkrieges kamen 1945 auf dem Halloh fast 1000 Menschen aus den umliegenden Dörfern zusammen, um gemeinsam eine Dankesfeier für die überstandene Not abzuhalten. Noch im selben Jahr am Fest Mariä Himmelfahrt feierte die Jugend des Dekanates Meschede ihren Bekenntnistag an dieser Stelle. Rund 1500 Jugendliche nahmen daran teil.

Noch heute treffen sich die Gläubigen aus Calle und den Tochtergemeinden dreimal im Jahr an der Kapelle, um gemeinsam zu feiern.

Dass zu Wallfahrtskapellen, die auf einer Anhöhe liegen, von mehreren Seiten „fromme Wege" hinaufführen, ist keine Seltenheit. Auch auf den „Halloh" gelangen die Christen über verschiedene Kreuzwege: Von Calle geht es ebenso nach oben wie von Wallen sowie Ober- und Niederberge. Im Laufe der Jahre wurden die alten Holzkreuze auf den Zuwegen durch Steinkreuze ersetzt oder renoviert, den alten Charme haben die Kreuzwege aber nicht verloren. Die „Halloh"-Kapelle war der Zahl der Wallfahrer aber längst nicht mehr gewachsen, sie wurde erweitert, nachdem die Gläubigen zuvor ein viereinhalb Meter hohes Kreuz auf der Höhe errichtet hatten.

In einem Caller Wallfahrtsbüchlein ist nachzulesen, dass die kleine Kirche errichtet worden ist, um Sühne für begangenes Unrecht zu leisten und als Stelle des Gebets für die Unglücklichen, die vielleicht hier unter dem Boden der Kapelle ruhen. Und auch für die Armen und für die vielleicht zu Unrecht Hingerichteten sowie für vielleicht unschuldige Opfer von Hexenverbrennungen – das ist gute Tradition auf dem Halloh.

Die Sonntage nach Mariä Heimsuchung und Mariä Himmelfahrt sowie der Sonntag nach dem 8. September (Mariä Geburt) sind traditionelle Wallfahrtstage mit Halloh-Andachten in Calle. Außerdem finden in mehrjährigem Abstand Schützenwallfahrten dorthin aus dem gesamten alten Kirchspiel statt.

Fotos:

a. Sie liegt einsam auf dem Halloh: die „Kapelle der schmerzhaften Mutter".

b. Da Innere der „Halloh-Kapelle", das Altarbild und die Deckenbemalung sind ziemlich verblasst.

c. Hinter der Kapelle brennt auf dem Betaltar ständig eine Kerze.

e. Gehhilfen von Wallfahrern, die Heilung erfahren haben.

Frohlinder Schönstattkapelle
Castrop-Rauxel

„Unser Heiligtum" nennen die treuen Besucher die Frohlinder Schönstattkapelle, die etwas bietet, was nur wenige Gotteshäuser im Erzbistum heute noch anbieten: An jedem Werktag wird hier vormittags eine heilige Messe gefeiert.

Monatliche Wallfahrtstage sind ebenso eine Selbstverständlichkeit in dem kleinen Gotteshaus mitten im Industriegebiet wie evangelische Andachten einmal im Monat. „Das ist doch ein Stück Ökumene, das hier praktiziert wird ohne lange zu diskutieren", ist die Meinung der Katholiken, die aus allen Richtungen nach Frohlinde kommen, um Messe zu feiern und zu beten. Denn nicht Erscheinungen oder Wunder ziehen Wallfahrer und

Pilger an, sondern das gemeinsame Beten zu Christus, der im Tabernakel gegenwärtig ist, und zu Maria, deren Gnadenbild den Altaraufsatz ziert: Die Kapelle ist in den über 50 Jahren seit ihrer Errichtung eine Stätte des Opfers und der Gebete geworden.

Den Anstoß zur Errichtung der Kapelle gab Diözesanpräses Dr. Kaspar Schulte vom Erzbistum Paderborn, ein Schönstattpriester, am 30. April 1950 auf einer KAB-Vorstandssitzung in Bochum. „Wir sollten dem Ruhrmenschen und der gesamten Region eine Stätte geben, die ein Maß ist. Ein Maß, an dem sie sich messen können. Und dieses Maß ist Jesus Christus und die Gerechtigkeit, die er verkündet", ist in der Chronik der Kapelle nachzulesen.

Dann ging alles Zug um Zug: Am 9. November 1951 wurde die Baugenehmigung erteilt, nachdem bereits drei Wochen zuvor der erste Spatenstich erfolgt war. Am 7. Dezember wurde Richtfest gefeiert. Am 3. Juni 1952 wurde das Zinnkreuz mit Kugel und Schaft auf dem Kapellentürmchen angebracht und am 13. Mai 1953 der provisorische Altar aufgestellt. Ab Oktober konnte die Kapelle originalgetreu eingerichtet werden, denn sie war ein Abbild des „Urheiligtums der Schönstatt-Bewegung" in Valendar.

Beter von nah und fern fanden sich ein, kleine Wallfahrtsgruppen der Mädchenjugend trafen sich in der Kapelle.

c

d

e

Im Mai 1954 war die Schönstattkapelle sogar der Mittelpunkt eines großen Wallfahrtsstromes: Über 1000 angemeldete Einzelpersonen und Gruppen kamen zum Heiligtum.

Dass in der Kapelle nur etwas mehr als 30 Sitzplätze für Gläubige vorhanden sind, war damals wie heute kein Problem: Weitläufige Parkanlagen um das kleine Gotteshaus herum bieten Platz für viele Christen. Denn die „Männer der ersten Stunde" hatten den Standort mit Bedacht gewählt: Zwischen Castrop-Rauxel zu Frohlinde und Dortmund gelegen, in unmittelbarer Nachbarschaft der Pfarrkirche der „Heiligen Schutzengel", bot das Grundstück genügend Raum für Wallfahrer und Pilger, die aus dem Geist Mariens mitten im Ruhrgebiet Kraft zur christlichen Erneuerung schöpfen wollten.

„Servus Mariae numquam peribit", ein Diener Marias geht niemals verloren, steht auf der Einrahmung des Gnadenbildes über dem Altar, eine Verheißung, die für die Beter kein leeres Versprechen ist. Die Skulpturen der heiligen Petrus und Paulus, die zu beiden Seiten des Tabernakelaufsatzes postiert sind, deuten darauf hin, dass die Schönstatt-Bewegung apostolisch ausgerichtet ist.

Ein Vortrag vor der Marianischen Kongregation (im Internat der Pallotiner in Valendar) am 18. Oktober 1914 vom Spiritual Pater Josef Kentenich gilt als das Gründungsereignis der Schönstattbewegung. Kern-Element ihrer Spiritualität ist eine Marienweihe, die als „Liebesbündnis mit Maria" verstanden wird. Dabei ist wesentlich, dass diese Weihe in geistiger Verbindung mit dem Gründer und dem Schönstattheiligtum getätigt und gelebt wird. Dort wird Maria als „Dreimal Wunderbare Mutter" Königin und Siegerin von Schönstatt' verehrt. Schönstätter bringen ihr durch Gebet, Taten der Selbsterziehung und des Apostolats viele Zeichen der Liebe und verbinden damit die Bitte, sie möge durch ihre wirksame Gegenwart den Ort zu einem Gnadenort werden lassen. Durch die Außenkontakte im 1. Weltkrieg breitete sich diese spirituelle Lebensform schnell über die Internatsmauern aus. Nach dem Krieg trafen sich auf Drängen des Paderborner Theologiestudenten Alois Zeppenfeld einige Kriegsteilnehmer und Pallotinerstudenten in Dortmund-Hörde, um den „Apostolische Bund von Schönstatt" zu gründen.

Ein Wegweiser in der Hecke vor dem Frohlinder kleinen Gotteshaus weist die Richtung auf das „Urheiligtum" in Vallendar.

Neben der Kapelle steht das Schönstatt-Zentrum Castrop-Rauxel, das von Marienschwestern geleitet wird. Sie sind auch für die Betreuung von Wallfahrern und Pilgern zuständig. Die Kapelle und das Zentrum sind nach eigenen Angaben ein „Kraftwerk, das die Liebe der Menschen an der Ruhr zur Gottesmutter aufnimmt, um sie für das Gottesreich nutzbar zu machen". Und dieses Kraftwerk arbeitet seit seiner Indienststellung ohne jemals an Kraft nachzulassen ...

Fotos:
a. Das „Heiligtum der Gründertreue": die Schönstattkapelle in Frohlinde.
b. „Ein Diener Mariens geht niemals verloren!" steht in Latein auf dem Rahmen des Gnadenbildes.
c. Unübersehbarer Wegweiser: Das „Urheiligtum" der Schönstätter liegt in 175 Kilometern Entfernung.
d. Der Eckstein zeigt wichtige Daten an: 1919 Hörde und 1956 Frohlinde.
e. Die Wallfahrtskapelle von der Parkseite aus gesehen.

a

b

Mariä Geburt
Dalhausen

Eins vorweg: Die Kirchdörfer Dalhausen und Borgholz sind sich manchmal nicht ganz einig, zu wem die Einsiedelei „Klus Eddessen" gehört. Dalhausen hat sie zwar in seinen Kirchenführer für St. Marien aufgenommen, aber kirchlich gehört Klus Eddessen tatsächlich zu Borgholz ...

Doch zurück zu Dalhausen. Dalhausen - tief im Tal der Bever gelegen - ist seit Jahrhunderten ein Marienwallfahrtsort. Als ältestes Wallfahrtsdatum wird das Jahr 1403 angegeben, verehrt wurden schon immer das Gnadenbild Marias und der Name der Kirche „Mariä Geburt", dem aus kirchlich-historischer Sicht besondere Bedeutung zukommt. Dalhausen gilt auch in heutiger Zeit als Mariendorf, das noch immer alte Traditionen pflegt. Dazu gehören neben den beiden traditionellen Wallfahrtstagen „Mariä Heimsu-

chung" am Sonntag nach dem 2. Juli und „Mariä Geburt" im September vor allem diese: das Abbrennen des Osterfeuers am Ostersonntag und das Singen des „Ehestandsliedes" am Polterabend aller Hochzeitspaare aus dem Dorf.

Mittelpunkt von Dalhausen ist die 1721 von der Äbtissin Victoria Dorothea von Juden aus dem Kloster Gehrden begründete Wallfahrtskirche, die 1950 erweitert und 1985 wieder mit den alten Barockaltären ausgestattet wurde.

Bei dem Gnadenbild handelt es sich um eine rund 30 cm hohe gotische Holzplastik aus dem Jahr 1300. Die Mutter Gottes hält auf dem linken Arm das Jesuskind und trägt eine goldene Krone.

Eine wertvolle Kostbarkeit ist auch die gotischen Eichenplastik von „Mutter Anna Selb-

tritt", 40 cm hoch und im Jahr 1510 geschaffen. Neben Anna ist die noch junge Maria mit Zöpfen zu sehen. Auf dem rechten Arm trägt Anna das Jesuskind. Besonders auffallend bei dieser Arbeit ist die Schönheit der Gesichter und die vollendete Darstellung der Bekleidung.

Bemerkenswert sind auch die Skulpturen des heiligen Michael und der vier Apostel, die der Barockzeit zugeordnet werden.

Der Gnadenaltar steht im südlichen Querschiff der Kirche.

Ein Protokoll vom 31. März 1764 berichtet, dass hier eine Heilung in der Verehrung der sieben Schmerzen Mariens stattgefunden habe. Seit dieser Zeit wird an den sieben Samstagen der Fastenzeit eine heilige Messe zu Ehren der Schmerzensmutter abgehalten. Noch in den 70er Jahren des vergangenen

Jahrhunderts wurden Sonderzüge der Deutschen Bundesbahn für die Wallfahrten nach Dalhausen eingesetzt. Am Ablauf hat sich in den Jahren nichts geändert: Nach dem Festhochamt steht eine Prozession durch den festlich geschmückten Ort mit abschließendem Segen in der Kirche auf dem Plan. Nachmittags findet eine Pilgerandacht statt, und den Abschluss bildet abends die Marienfeier mit Lichterprozession.

In Dalhausen war lange auch der Brauch des Weihnachtssingens ungebrochen, dessen Wurzeln bis ins 17. Jahrhundert zurückreichen. Am Heiligen Abend versammelten sich die Männer und männlichen Jugendlichen des Dorfes um 22 Uhr und sangen stündlich an verschiedenen Stellen der Ortschaft Weihnachtslieder. Zwischendurch ging die Sängerschar „zum Aufwärmen" in das Gasthaus Groll, das schon seit 1910 als „Wachlokal" diente. Die Zeremonie ging weiter bis zum Beginn der Christmette um 5 Uhr, zu deren Besuch die Gemeinde mit dem Lied „Herbei, oh ihr Gläubigen" geweckt und aufgefordert wurde.

Nach Schaffung des Pastoralen Raumes „Dreiländereck Beverungen" wurde 2010 der Modus geändert: Jetzt ist jeder eingeladen,

c

sich um 23 Uhr vor der Wallfahrtskirche in Dalhausen einzufinden, um gemeinsam bis 24 Uhr alte Weihnachtslieder zu singen.

Etwas Besonderes ist auch, dass während der Karnevalstage im Dorf keinerlei Festlichkeiten stattfinden dürfen. Pest und Cholera sind der Grund hierfür, denn im 19. Jahrhundert hatten diese schrecklichen Krankheiten Dalhausen heimgesucht und besonders schlimm im Jahr 1868 hier gewütet. Am 17. Oktober jenes Jahres wurde das feierliche Gelübde abgelegt, am Rosenmontag und Fastnachtsdienstag niemals zu feiern, sondern Anbetungsstunden abzuhalten, um die Fürbitte Mariens zu erlangen.

Ob Dalhausener Bürger in den „tollen Tagen", die in den Nachbarorten aber ausgelassen gefeiert wurden, dorthin heimlich auswichen, verschweigt der Chronist höflich …

Er verschweigt aber nicht eine andere „Wallfahrt", nämlich, dass zu früheren Zeiten täglich über 100 Dalhausener Ziegen von einem Hirten morgens abgeholt und abends heimgebracht wurden, die der Hüter dann mitten im Dorf einfach laufen ließ: Und jede fand ohne Umweg zurück in ihren Stall.

An diese Zeiten soll der Dalhausener Almabtrieb erinnern, der seit nunmehr rund 25 Jahren jeweils im September und mittlerweile vom Verein für Brauchtums- und Landschaftspflege e.V. veranstaltet wird. Eine Blaskapelle unterstützt das muntere Treiben, das immer wieder Hunderte von Zuschauern begeistert.

d

Das Korbmacher-Museum

Wallfahrer, die Dalhausen besuchen, sollten es nicht versäumen, wenn die Zeit dazu reicht, das bekannte Korbmacher-Museum zu besichtigen. In ihm ist die Vergangenheit lebendig geblieben, und es zeigt, dass nahezu das ganze Dorf früher seinen Lebensunterhalt fast ausschließlich mit der Korbflechterei bestritt. An die Zeiten vor Erfindung der Plastiktüten, als Einkaufskörbe in jeden Haushalt gehörten, erinnern die Ausstellungsstücke: Kinderwagen und Möbel aus Weide. Auch das gab es und gibt es noch heute, aber nur im Museum …

Das Korbmacher-Museum ist von April bis Oktober dienstags bis freitags von 14 bis 17 Uhr sowie samstags sowie an Sonn- und Feiertagen von 10 bis 12.30 und von 14 bis 17 Uhr geöffnet.

Werkstattzeiten sind von dienstags bis freitags jeweils von 14 bis 17 Uhr.

Führungen oder Gruppenbesuche sind auf Anfrage auch außerhalb der Öffnungszeiten möglich (Tel.: 05645 1823 oder 05273 392-221).

Fotos:

a. Die Wallfahrtskirche Mariä Geburt.

b. Der Blick ins Innere.

C. Der beeindruckende Marienaltar.

d. Das Gnadenbild aus Dalhausen.

St. Johannes Baptist
Delbrück

Der Turmhelm der Pfarrkirche weist Wallfahrern und Pilgern schon von weitem den Weg in das Zentrum Delbrücks: Umrahmt von alten Fachwerkhäusern, die in einem Kreisrund das Gotteshaus zu bewachen scheinen, liegt ihr Ziel: St. Johannes Baptist. Unter den Wallfahrtsorten im Erzbistum, in denen die Kreuzverehrung im Mittelpunkt steht, nimmt Delbrück eine besondere Stellung ein. Die Anfänge der Kreuzverehrung in der Hellwegstadt reichen mit großer Wahrscheinlichkeit ins Mittelalter zurück. Denn der Kreuzsplitter, den Philipp von Hörde zu Boke 1496 der damaligen Kapelle von Lippling vermachte, ist belegt. Bis zu seiner endgültigen Platzierung in der Delbrücker Pfarrkirche vergingen allerdings noch über 170 Jahre.

In dem Kreuz-Büchlein der St. Johannes-Baptist-Gemeinde von 1848, das 1901 neu aufgelegt und im März 2006 erneut nachgedruckt worden ist, ist die Geschichte der Delbrücker Kreuzverehrung niedergelegt. In ihm ist die Wiederentdeckung der Kreuzpartikel in dem Delbrücker Kreuz im Jahr 1671 beschrieben. In dem Buch kann der Wallfahrer den ursprünglich lateinischen Bericht übersetzt lesen, der gestrafft auch eine Auswahl der Berichte über die wunderbaren Heilungen enthält. Das Original befindet sich auch heute noch im Delbrücker Pfarrarchiv. Das Büchlein ist deswegen ein wichtiges Zeugnis für den tiefen Glauben im Delbrücker Land und die Verehrung des Heiligen Kreuzes.

Denn die Kreuzverehrung ist für Delbrück und seine Gläubigen nicht nur Geschichte: Sie bestimmt bis heute die Frömmigkeit der Gemeinde und drückt sich nach außen hin im wöchentlichen Kreuzamt, in den regelmäßigen Pilgermessen in der Fastenzeit und in der Kreuztracht am Karfreitag aus. Die Delbrücker sind sicher, dass ihre Kreuzfrömmigkeit auch in der heutigen Zeit auf der Überlieferung beruht, durch die die Tradition lebendig gehalten wurde. Der Ruf „O crux, ave spes unica" (Sei gegrüßt, Du, heiliges Kreuz, Du einzige Hoffnung) möge, so hoffen die Delbrücker Christen, niemals verstummen.

c

d

e

Tradition verkörpert auch ihre Pfarrkirche, die wie Pisa in der Toskana einen schiefen Turm hat: Er ist 65 Meter hoch und verneigt sich 2 Meter vor den Ankömmlingen, die mit der aufgehenden Sonne im Rücken Delbrück ansteuern. 1180 wurde an dieser Stelle der erste Steinbau errichtet. Um 1400 kam der Turm hinzu. Es wird aber vermutet, dass bereits im 8. Jahrhundert hier eine Fachwerkkirche gestanden hat.

In früheren Jahrhunderten diente das Gotteshaus den Bürgern bei Unruhen vermutlich auch als Fluchtburg, hier fühlten sie sich geborgen und durch das Kreuz beschützt. Um 1340 wurde das südliche romanische Kirchenschiff durch ein gotisches „Schiff" ersetzt. Außerdem wurde ein gotischer Chorraum hinzugefügt, der frühere romanische Chor wurde das dritte Joch und das nördliche Schiff wurde später durch ein neugotisches ersetzt. Zugleich erfolgte noch eine Erweiterung, so dass der Turm jetzt im Baukörper der Hallenkirche steht.

Soweit die bautechnische Historie im Zeichen der verschiedenen Baustile. Aber auch die Ausstattung des Gotteshauses ist bemerkenswert. Die heutige Gestaltung geht auf Entwürfe des Künstlers Thomas Jessen aus Eslohe im Sauerland zurück. Dadurch wird insbesondere der Wallfahrtscharakter der Kirche unterstrichen: Ein rosa Farbband bindet die sehr breite Kirche optisch zusammen und verbindet die beiden Hauptbilder, das Gnadenkreuz und die Pieta.

Der Corpus des Gnadenkreuzes ist, wie gesagt, eine Stiftung des Edelherren Philipp von Hörde zu Boke. Nach mehrfachen Veränderungen wurde der Corpus 1970 in seinen ursprünglichen Zustand zurückversetzt. Die beiden Figuren der Maria und des Johannes stehen auf kleinen Sockeln auf Augenhöhe mit den Betern. Der Taufstein ist wie der Fußboden aus Anröchter Dolomit nach dem Vorbild eines älteren Taufsteins der Kirche gefertigt. 2010 wurde er am heutigen Standort aufgestellt.

Zuvor war 2008 das Gotteshaus neu eingedeckt worden. Da sich in dem Gotteshaus Baustile verschiedener Epochen und unterschiedliche Architektur-Elemente vereinen, beeindruckt das historische Bauwerk heute durch lebendige Farben. Das künstlerische Konzept von Thomas Jessen, das den Gedanken an die Passion vertieft, wird verdeutlicht und durch den Glauben daran ist die über 300-jährige Tradition der Delbrücker Kreuzverehrung erklärbar.

Höhepunkt dieser Verehrung ist Jahr für Jahr die Kreuztracht mit Predigt am Karfreitag, die von der Pfarrkirche zur Kreuzkapelle führt.

Fotos:

a. Die Wallfahrtskirche St. Johannes Baptist.

b. Der Hochaltar ist der Blickfang im Kircheninneren.

c. Die Marien-Skulptur steht auf Augenhöhe mit den Betern.

d. Alte Bäume beschirmen das ehrwürdige Gotteshaus.

e. Blick ins Kirchenschiff.

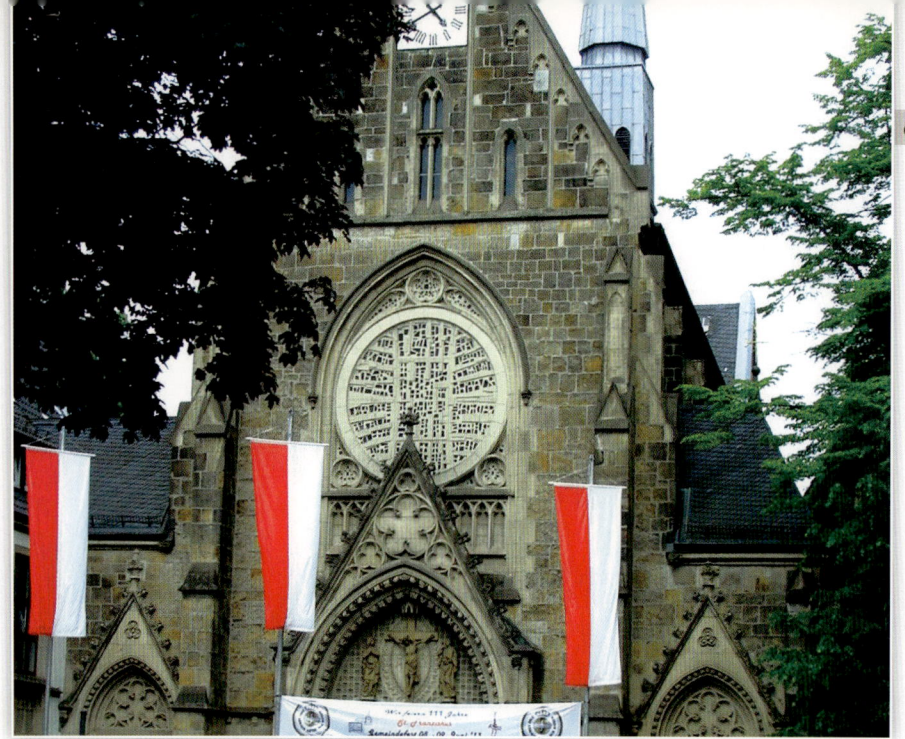

Fußball, Bier und Wallfahrt?

Dortmund

„Dortmund ein Wallfahrtsort??? Das glaube ich nicht", ist die Antwort vieler „Ur-Dortmunder", wenn es um die Attribute ihres geliebten „Düörpm" geht. Bierstadt, Fußballstadt ... früher auch Stahl- und Kohlestadt, klar, das unterschreiben alle. Aber Wallfahrtsort???

Aber es stimmt: Die Metropole von Nordrhein-Westfalen – in Dortmund liegt tatsächlich der geometrische Mittelpunkt von NRW– ist seit Jahrhunderten auch ein Wallfahrtsort. Und das sogar mehrfach. Die heiligen Stätten liegen fast alle an dem Jahrhunderte alten Hellweg, der die Hansestadt von Osten nach Westen oder umgekehrt durchzieht. Diese historische Handelsstraße, die auch von Hunderttausenden von Jakobspilgern auf dem Weg nach Santiago de Compostela genutzt wurde, verbindet die Dortmunder Wallfahrtsstätten von Brackel über die Innenstadt bis hin nach Huckarde.

Der von Norden nach Süden verlaufende, in den letzten Jahren wieder neugezeichnete westfälische Jakobsweg, der den Nord-Süd-Pilgerweg auf dem Westenhellweg in der Innenstadt kreuzt, berührt sicherlich auch einige „heilige Orte", die nicht ausgeklammert werden können. Darunter das „Klösterken" in Hohensyburg und das historische Gotteshaus St. Peter mit seinem sehenswerten Friedhof unterhalb der Burgruine.

In Dortmund ist es alter Brauch, in kleinen und größeren Gruppen, aber auch in Wallfahrtsgemeinschaften, zu bestimmten Zeiten nach Hohensyburg zu wallfahren, wo heute wie in der Vergangenheit während der Pfingsttage ein Volksfest in Form einer Kirmes stattfindet.

Die Franziskanerkirche

Die Kirche Sankt Franziskus, von den meisten schlicht Franziskaner-Kirche genannt, ist in den letzten Jahren zur bedeutendsten Wallfahrtsstätte Dortmunds geworden. Der bekannteste Franziskaner des benachbarten Klosters war Bruder Jordan Mai, der am 20. Februar 1922 verstarb. Für ihn läuft seit langen Jahren der Seligsprechungsprozess. Seine Gebeine, ursprünglich auf dem benachbarten Ostenfriedhof beigesetzt, wurden 1950 in die Kirche umgebettet.

100 000 Gläubige waren dabei, als die feierliche Umbettung stattfand. Der nach dem

bischöflichen Prozess erforderliche apostolische Prozess über den heroischen Grad der Tugenden des treuen Dieners Gottes fand von 1965 bis 1967 unter Vorsitz des Paderborner Erzbischofs Kardinal Jäger statt. Die Prüfung der Annahme des Bischöflichen Dekretes zum Seligsprechungsprozess verzögerte sich. 1964 wird jedoch durch einen Erlass von Papst Johannes XIII. eine „Päpstliche Causa Bruder Jordan Mai" daraus.

In jedem Jahr findet zum Todestag Bruder Jordans am 20. Februar ein großer Gebets- und Wallfahrtstag in der Franziskanerkirche Dortmund statt. Die Verehrung des Dortmunder Franziskaners ist aber längst nicht mehr nur auf Westfalen oder die Bundesrepublik beschränkt: In allen Erdteilen beten gläubige Christen zu ihm und vertrauen sich seiner Fürbitte an. Denn sie vertrauen den Worten und Erfahrungen von Bruder Jordan: „Nur den Demütigen gibt Gott seine Gnade".

Das Gotteshaus hat eine über 100-jährige Geschichte: 1901 wurde nach Fertigstellung des 1896 begonnenen Klosterbaus mit der Errichtung der Kirche begonnen. Die Kirchenweihe fand am 13. Juni 1902 statt. Zunächst als reine Klosterkirche und später als Filialkirche von der Propsteigemeinde genutzt, wurde 1959 die Pfarrkirche der selbständigen Pfarrei „St. Franziskus und Antonius" daraus.

Der heilige Reinoldus

Seit dem 11. Jahrhundert ist der heilige Reinoldus, auch als Reinhold von Köln in der Geschichte verankert, der Stadtpatron von Dortmund. Seine Herkunft liegt im Dunkeln. Er wird als Held und als Heiliger skizziert. Als Held ist er einer der Söhne von Graf Haimon und ein Neffe Karls des Großen, seine Mutter Aya war eine Schwester des Kaisers. Um einer kriegerischen Auseinandersetzung mit seinem Onkel aus dem Wege zu gehen, floh Reinoldus mit seinen drei Brüdern und seinem legendären Wunderpferd Bayard auf die uneinnehmbare Festung Montalban, die sieben Jahre von Kaiser Karl dem Großen belagert wurde. Als die Brüder sich ergaben, ertränkte der Kaiser das Wunderpferd. Aus Trauer um diesen Verlust begann Reinoldus eine Pilgerreise ins Heilige Land und machte sich dort verdient um die Eroberung Jerusalems.

Der Legende nach kehrte der geläuterte Pilger anschließend nach Europa zurück und wurde Mönch im Kloster St. Pantaleon in Köln und arbeitete als Steinträger beim Bau des Kölner Doms mit. Weil er nur wenig Lohn verlangte, bekam er Streit mit den übrigen Arbeitern, die ihn schließlich erschlugen und in einem Sack in ein Gewässer am Rhein warfen. Eine gelähmte Frau kam im Traum

als Schlafwandlerin zu dem Ort der blutigen Tat und barg den Leichnam. Dabei geschah ein Wunder: Sie war von ihren Gebrechen geheilt und gleichzeitig läuteten alle Kölner Kirchenglocken. Doch als die Kölner Geistlichkeit den Klosterbruder Reinoldus in einer Kirche würdig begraben wollten, rollte der Totenkarren von selbst einen anderen Weg und blieb erst in Dortmund stehen. Genau an der stelle, so die Legende, wo anschließend die Dortmunder Bürgen „ihre Reinoldi-Kirche" bauten. Reinoldus war fortan ihr Stadtpatron, der sie vor Unheil Not und Gefahren beschützen sollte.

Wie stark die Verehrung des Heiligen in Dortmund war, zeigt sich auch darin, dass seit dem 13. Jahrhundert eine Gilde mit seinem Namen besteht, die sich später in verschiedenen Gesellschaften fortsetzte. Später verliert sich ihre Spur. Aber 1988 wurde die Reinoldi-Gilde, wie sie zuletzt hieß, u. a. von Dortmunder Handwerkern wiederbelebt. Die gilde fühlt sich getreu dem alten Amtseid der Ratsherren von Dortmund verpflichtet, das Wohl der Stadt und ihrer Bürgerschaft zu mehren.

Ein Ausdruck der heute noch vorhandenen Verehrung des heiligen Reinoldus ist auch die Tatsache, dass der Pressevereins Ruhr für verdiente Dortmunder Bürger als Auszeich-

C

nung einen „Eisernen Reinoldus" verleiht. Mittelalterliche Pilgerabzeichen, die Reinoldus zeigen, wurden in ganz Europa gefunden und beweisen die überregionale Bedeutung, die der Stadtheilige und damit Dortmund als Freie Reichs- und Hansestadt innehatten. Für heutige Wallfahrer und Pilger sind Pilgerstempel im Reinoldiforum erhältlich.

Fotos:
a. Die Wallfahrtskirche St. Franziskus in der Innenstadt.
b. Das Grab von Bruder Jordan.
c. Statue des heiligen Reinoldus in der Stadtkirche.

St. Reinoldi
Dortmund

Stolz steht sie mitten in der lebhaften City und ist doch eine Oase der Stille: die Reinoldi-Kirche. Seit Jahrhunderten trägt sie den Namen des Dortmunder Stadtpatrons, ihr Turm ist innerhalb der Wälle mit Abstand das höchste Gebäude der Westfalenmetropole, und als im vergangenen Jahrhundert in unmittelbarer Nähe im Rahmen des Stadtbahnbaus ein beträchtlicher Pylon geplant wurde, der dem Reinolditurm seine Stellung als Blickfang streitig machen sollte, gab es lautstarken Protest: Der Pfarrer drohte, die Reinoldi-Posaunen nicht mehr auf dem Weihnachtsmarkt erklingen zu lassen, wenn das Bauvorhaben verwirklicht werden sollte. Mit Erfolg, der Pylon wurde zwar errichtet, aber wesentlich niedriger, und steht heute im Schatten neben dem historischen Gotteshaus.

Stolz ragt der über 104 Meter hohe Kirchturm in den Himmel über der Stadt, deren Wallfahrtsstättendasein fast in Vergessenheit geraten ist. Bis zur Reformation in den Jahren 1562/1579 war Reinoldi ein von vielen Pilgern unter Strapazen besuchter Ort war, denn hier waren die Reliquien, des heiligen Reinoldus, in einem speziellen Reliquienhaus deponiert, das sogar das große Feuer 1232 überstand, dem nahezu die gesamte Innenstadt zum Opfer fiel.

Heute gibt es das Reliquienhaus nicht mehr, da es im 15. Jahrhundert samt dem Chor aus dem 13. Jahrhundert niedergelegt und vom Rat der Stadt Dortmund ein Ratschor samt neuer Ausstattung errichtet wurde. Dieser ist heute nahezu vollständig samt Reliquienhaus überkommen.

Nach der Reformation, die Reliquien und Gebeine des Schutzpatrons waren längst aus St. Reinoldi anderswo gelagert (siehe Kapitel „St. Reinoldus"), und im Rahmen der Säkularisation im Umfeld der Französischen Revolution, änderte sich die Bedeutung des Gotteshauses. Religion und Staat wurden streng getrennt und die Stadtpolitik zog regelrecht aus der Kirche aus. Reinoldi verlor seine Bedeutung als Hauptzentrum der Stadt. Wallfahrten hierher gab es nicht mehr, aber das Gotteshaus blieb für die jetzt überwiegend evangelischen Bewohner der Westfalenmetropole die wichtigste Kirche der Stadt. Nach der Zerstörung im 2. Weltkrieg war es den Dortmundern ein wichtiges Anliegen, „ihr St. Reinoldi" wieder aufzubauen. Die beträchtliche Summe wurde größtenteils durch die Reinoldi–Lotterie, die über Jahre hinweg in den 50er–Jahren des vergangenen Jahrhunderts Geld in die Baukasse spülte, aufgebracht. 1956 war es endlich so weit: Das Wahrzeichen der Hansestadt Dortmund war wieder hergestellt.

Das Innere der Kirche bietet auch heute dem Besucher bedeutende Stücke aus dem Bauwerk vor der Kriegszerstörung. Dort befinden sich bedeutende mittelalterliche Kunstwerke, die vom einstigen Machtanspruch der Dortmunder Ratsherren künden.

Samstags zwischen 12 und 15 Uhr, sonst gegen Nachfrage, besteht die Möglichkeit, den Turm zu besteigen und das heutige Gussstahlgeläut von 1954, das größte läutbare in Westfalen, aus der Nähe zu Betrachten. Vom Turm aus kann der Besucher den Blick des mittelalterlichen Stadtwächters nachvollziehen, der von hier aus die Stadt Tag und Nacht bewachte.

Vor St. Reinoldi verweilen heute zwar keine Wallfahrer, aber sehr viele Pilger. Denn das Gotteshaus liegt unmittelbar am „westfälischen" Weg der Jakobspilger, der vom Kloster Corvey nach Westen führt. Und auch ein anderer Jakobsweg, der von Osnabrück die Pilger in Richtung Bergisches Land laufen lässt, kreuzt nur einen Steinwurf von hier entfernt, um sich in Trier wieder mit dem „Westfälischen" zu treffen …

Ein Tipp für Pilger: Im Chorraum befinden sich in der Apsis Aposteldarstellungen aus der Mitte des 15. Jahrhunderts. Der dritte von rechts ist Jakobus mit der Jakobsmuschel als eindeutiges Zeichen. Für heutige Pilger auf dem Jakobsweg eine schöne Verbindung zu ihren Vorgängern im wahrsten Sinne des Wortes, die diesen Ort vor rund 600 Jahren besuchten.

Die Propsteikirche

Das älteste Dortmunder katholische Gotteshaus innerhalb der Wälle ist nicht nur Sitz des Stadtpropstes, sondern auch tatsächlich ein historischer Wallfahrtsort. Denn in ihr wird seit dem Stadtjubiläum 1982 anlässlich der 1100–Jahr–Feier der Hansestadt eine Reliquie des Stadtpatrons des heiligen Reinold aufbewahrt (siehe das Kapitel „St. Reinoldus"). Dass zu dem historischen Gotteshaus in der jüngsten Zeit keine Wallfahrten auf dem Programm stehen, ist eigentlich unverständlich. Denn die Kirche liegt unmittelbar im Stadtzentrum und birgt neben der Reliquie auch zahlreiche sakrale Kunstschätze, von denen der Hochaltar mit seinen Tafelbildern sicherlich am wertvollsten ist.

Im Gegensatz zu den anderen Dortmunder Stadtkirchen liegt die Propstei nicht unmittelbar am historischen Hellweg, sondern „einen Steinwurf" entfernt. Trotzdem ist es kein Wunder, dass in der heutigen Zeit vor allem Jakobspilger, die auf der historischen Streckenführung in Richtung Bochum und Duisburg unterwegs sind, den kleinen Umweg über das Gotteshaus nehmen, denn seit

November 1986 bildet dieses zusammen mit dem neuerbauten Katholischen Centrum den Mittelpunkt des katholischen Lebens in der größten Stadt Westfalens. 26 katholische Dienste, Verbände, Beratungsstellen und Bildungseinrichtungen sind hier untergebracht und – für Pilger am wichtigsten – : Es gibt an der Pforte einen sehr schönen „Pilgerstempel".

Hier gibt es aber auch Informationen zur Geschichte des bedeutenden Gotteshauses. 1309 ermächtigte ein kaiserliches Privileg den Dominikanerorden, eine Niederlassung in Dortmund zu gründen, die 1330 realisiert und Grundlage für den späteren Klosterbau war, in dessen Folge das Gotteshaus errichtet wurde. 1816 wurde das Kloster aufgelöst und die Kirche, zunächst lediglich Gemeindekirche, wurde 1859 zur Propsteikirche erhoben. Nach der Zerstörung 1943 wurde sie bis 1964 in Abschnitten wieder aufgebaut und schließlich 1986 in den Gebäudekomplex „Katholisches Centrum" eingegliedert, das in seiner Konzeption der alten Klosteranlage entspricht. Nicht erst seitdem finden Gläubige und Pilger hier mitten in der lebhaften Dortmunder City einen echten Ort der Besinnung, wo sie dem Alltagsstress entfliehen können und in der Kirche oder dem Kreuzgang im Gebet ihrem Schöpfer nahe sein können. Es dauert auch bestimmt nicht mehr lange, bis wieder Wallfahrer diesen historischen Ort als lohnendes Ziel für sich neu entdecken werden …

Fotos:
a. Die Stadtkirche St. Reinoldi.
b. Der Chorraum von St. Reinoldi.
c. Das Innere der Propsteikirche.

a

b

Kommende Brackel

Dortmund-Brackel

Ein Satz vorab: Brackel ist kein Wallfahrts-ort, obwohl hier seit Jahrhunderten für katholische Christen ein ganz besonderer Ort ist. Denn in Brackel liegt „mitten im Dorf" die Kommende–,– die Betonung auf der zweiten Silbe –, in der seit 1949 das Sozialinstitut des Erzbistums Paderborn beheimatet ist. Doch der Reihe nach: Die „Kommende Brackel" wurde Mitte des 13. Jahrhunderts durch Ordensritter des Deutschen Ordens gegründet. Sie wuchs ständig und besaß 1440 bereits 88,5 Morgen Land und war größer als der Schultenhof des Königs. Waldrechte, Fischteiche, eine Mühle sowie eine Kohlengrube gehörten u.a. zu dem Besitz. Während

der Reformation büßte die Kommende die Brackeler Kirche ein, die evangelisch wurde. Die katholischen Gottesdienste fanden aber noch bis ins 17. Jahrhundert im Chorraum der Kirche statt. Mit der Reformation erfolgte ein wirtschaftlicher Niedergang, sodass die Kommende schließlich 1762 an die Familie Oberstadt verpachtet wurde. Als der Orden durch Napoleon am 24. April 1809 aufgelöst wurde, fiel der Grundbesitz an das Großherzogtum Berg und 1825 an Preußen. Zunächst blieben die Gebäude verpachtet.1821 kaufte die Familie Oberstadt die Kommende für 17000 Reichstaler. In der Sorge, dass der Besitz nach seinem Tode an die Nati-

onalsozialisten fällt, bestimmte der letzte männliche Erbe der Familie, Regierungsrat Walter Oberstadt, in seinem Testament, dass das Ordenshaus mit den umliegenden Gärten dem Erzbistum Paderborn zu übertragen sei. Walter Oberstadt starb 1944 und seine Witwe vollzog 1946 den letzten Willen ihres Mannes. Das Erzbistum Paderborn weihte unter Erzbischof Lorenz Jaeger 1949 auf dem Gelände das Sozialinstitut Kommende Dortmund ein. Das historische Gebäude wurde unter der strengen Aufsicht des Landeskonservators saniert und umgebaut.

Obwohl, wie eingangs gesagt, Brackel kein eigentlicher Wallfahrtsort ist, pilgern Jahr

c

d

e

für Jahr Tausende von Gläubigen in Richtung Kommende, denn die liegt direkt am historischen Hellweg, der hier identisch mit dem Jakobsweg verläuft. Dass die Kommende ein besonderer Ort ist und ein Meilenstein auf der kirchlichen Karriereleiter sein kann, zeigt die Tatsache, dass Dr. Reinhard Marx, der von 1989 bis 1996 Direktor des Sozialinstituts war, nach seinem Wirken in Brackel Weihbischof in Paderborn, anschließend Bischof von Trier, danach Erzbischof von München und Freising wurde. Erzbischof Dr. Reinhard Kardinal Marx ist gegenwärtig der Vorsitzende der Deutschen und Europäischen Bischofskonferenzen. Die Wurzeln seiner Karriere liegen in der Kommende Brackel.

Fotos:

a. Die Kommende.

b. Hinter einem Portal aus Bruchsteinen liegt das Institut des Erzbistums direkt am Hellweg.

c. Die von der Reinoldi–Gilde gestiftete Skulpturengruppe zu den fünf Weltreligionen, eine Arbeit von Bernd Moenikes.

d. Vor dem Eingang des Sozialinstituts empfängt Papst Clemens 1. die Gäste, eine Skulptur von Josef Rikus.

e. Eiserne Buchstaben weisen auf die „Kommende" hin.

Willkommen am heiligen Ort

St. Urbanus
Dortmund-Huckarde

Die Kirche St. Urbanus in Dortmund-Huckarde war vor Jahrhunderten das Ziel einer ganz besonderen Wallfahrt: Im Zunftbuch der Dortmunder Goldschmiede findet sich 1544 der Hinweis, dass sich an einem nicht näher bezeichneten Marienfeiertag die Goldschmiedezunft zu einem Gildenmahl traf und in Richtung Huckarde wallfahrte. Die Zunft, zu der damals auch Kannengießer und Schwertfeger gehörten, führte eine Tonne, etwa 900 Liter, Goldschmiede-Bier mit sich, das auf der Strecke ausgeschenkt und zum Teil auch selbst getrunken wurde. Der Gerstensaft war zu Ehren der Zunftpatronin Maria nach speziellem Rezept gebraut. Der Überlieferung entsprechend fand das Mahl innerhalb der Stadtmauern Dortmunds statt, der Wallfahrtszug bewegte sich über das Weinhaus der Stadt und die Stadtkirchen zu dem Leprosenhaus am Ostentor. Weiter ging es in Richtung Huckarde zur dortigen Marienkapelle.

Heute deuten Spuren an der Huckarder Original-Marienskulptur darauf hin, dass diese möglicherweise „bekrönt" war und im 14. und 15. Jahrhundert sogar regelmäßiges Ziel von Prozessionen war, die „gekrönte Marienfigur" inmitten der Gläubigen. Vieles spricht für eine intensive Marienverehrung in Huckarde mit entsprechenden Prozessionen an den hohen Marienfesttagen.

Huckarde ist ein Stadtteil Dortmunds, der bereits in der Bronzezeit besiedelt war. Um 800 nach Christus steht das Gebiet unter sächsischer Herrschaft, benannt als „hucretha". Der Bau des ersten Huckarder Gotteshauses in Form einer Hallenkirche wird auf die Mitte des 13. Jahrhunderts datiert und wird erstmals 1272 als Marienkirche erwähnt. Erst 1719 wird ihr heutiger Name St. Urbanus erstmals urkundlich genannt. Die Reformation ging an Huckarde, im Gegensatz zu Dortmund, vorbei, der Ort blieb katholisch und 1624 erhielt die Kirche volle Pfarrrechte. Erweiterungen und Umbauten, zuletzt in den Jahren 2003 bis 2005 mit Dacherneuerung und Schutzverputz sowie

c

d

e

Glockenstuhl– und Innensanierung gaben dem Gotteshaus sein heutiges Aussehen. Die Huckarder Kirche ist Baudenkmal des Landes Nordrhein–Westfalen.

Kennzeichnend und ungewöhnlich für eine relativ kleine Dorfkirche sind der mächtige Westturm mit romanischen Schallöffnungen, seinen Mittelsäulen und den Bogenfriesen. Im Turm hängt die vermutlich älteste Glocke Westfalens, die um 1200 gegossen wurde und früher auch als Feuerglocke genutzt wurde. Auf dem Triumpfbogen im Innenraum sind Engel abgebildet. Die noch als Original in der Kirche befindliche Statue des heiligen Urbanus stammt aus dem 14. Jahrhundert.

Ein bedeutendes Ausstattungsstück ist auch die Hochkanzel, die um 1480 im niederrhei–nischen Kalkar aus Eichenholz geschnitzt wurde. In der Reformationszeit wurde sie von Pfarrer Johann Bertram Zumkumpf für 8 Taler von dem Dortmunder Dominikaner–Kloster erworben, aus dem später die heutige Propsteikirche in der Dortmunder Innenstadt wurde. Die Kostbarkeiten der Urbanuskirche, die Pieta um 1500, die „thronende Madon–na um 1340" und das Werk „Maria Selbdritt um1490", das Mutter Anna und Maria mit dem Jesuskind zeigt, befinden sich heute als Originale im Diözesanmuseum in Paderborn; in der Kirche befinden sich jeweils Holzdu–plikate.

Die Kirche St. Urbanus Huckarde ist auch heute noch das wirkliche Zentrum des Stadt–teils, der sich im letzten Jahrhundert vor al–lem durch den Strukturwandel im Ruhrgebiet stark verändert hat. Die Goldschmiede–Wallfahrten sind zwar längst Vergangenheit, aber die Marienverehrung der Gläubigen ist geblieben, auch wenn sich die Struktur der Gemeinde, die heute zum Pastoralverbund Am Revierpark gehört, geändert hat.

Fotos:

a. Die Kirche St. Urbanus in der Dorfmitte.

b. Das Kirchenschiff besticht durch seine Kostbarkeiten.

c. Die Holznachbildung der „thronenden Madonna".

d. Der heilige Urbanus, ein Original.

e. Der Westturm der Wallfahrtskirche.

St.-Peter-Syburg
Dortmund-Syburg

Sie ist die urkundlich älteste Kirche Westfalens und wurde im Jahre 776 erstmals erwähnt. Das Gotteshaus St.-Peter-Syburg liegt im äußersten Süden Dortmunds. Unter den Wallfahrtsorten im Erzbistum Paderborn ist die hoch über dem Hengsteysee gelegene Kirche eine Exotin, denn heute ist hier der Mittelpunkt der evangelischen Gemeinde Syburg-Auf dem Höchsten. Bis zur Reformation war die kleine Kirche ein oft und gern besuchter Wallfahrtsort und Treffpunkt der katholischen Christen aus der ganzen Umgebung. Sie wurde der Überlieferung nach von Papst Leo III. im Beisein zahlreicher kirchlicher Würdenträger persönlich anno 799 eingeweiht. Bis zur Reformation soll eine Kupferplatte in der Kirche mit einer bildlichen Darstellung Zeugnis über den päpstlichen Weiheakt abgelegt haben. Seit 1205 hatten die Grafen von Hohenlimburg das „Collationsrecht" über diese Kirche. Das „Limburger Tor", durch das der jeweils herrschende Graf „hoch zu Roß" in den Gottesdienstraum einreiten konnte, ist heute noch in den Außenmauern zu erahnen. Es wurde 1930 zugemauert.

Stumme Zeugen der vergangenen Jahrhunderte sind auch die historischen Grabsteine auf dem kleinen Friedhof rund um die Kirche. 190 mit Inschriften versehene steinerne Denkmale aus verschiedenen Epochen erzählen Familiengeschichten. Viele mehrfach genutzte Steine lassen darauf schließen, dass der Friedhof über 1000 Jahre als letzte Ruhestätte diente. Der Kirchhof wurde 1883 als Begräbnisstätte für die Bauerschaften Syburg, Holzen, Wandhofen und Garenfeld geschlossen. Grabplatten aus merowingischer und karolingischer Zeit befinden sich im Innenraum der Kirche.

Während des gesamten Mittelalters war St.-Peter-Syburg als Wallfahrtsort und Ablasskirche von großer Bedeutung. Reliquien wie eine Hinterhauptschale der heiligen Barbara in einem silbernen Reliquiar, von Papst Leo III. der Kirche übereignet, und vom heiligen Markus sowie der Petersbrunnen mit seinen legendären Heilkräften, hatten große Anziehungskraft. Außerdem war, nach der Stiftungsurkunde von 799, für Wallfahrer, die am Tage St. Markus (25. April) kamen, ein ewiger Ablass verbürgt. Dies wurde 1274 durch eine päpstliche Bulle bestätigt.

C

Die Wallfahrten nach St. Peter zogen so viele Menschen an, dass der Innenraum der Kirche schnell zu klein und der Außenbereich einbezogen werden musste. Eine Außenkanzel wurde angebaut, deren Torbogen im Inneren nahe dem Aufgang zum Turmzimmer noch heute sichtbar ist.

Auch verlieh Kaiser Karl das Recht, einen Markt acht Tage vor und acht Tage nach diesem Datum abzuhalten, der Ursprung der traditionellen Syburger Pfingskirmes. Diese Wallfahrt und der Markt tragen die Schuld an dem verherenden Brand 1297 in Dortmund, als die Stadt bis auf drei Steinhäuser abbrannte, weil alle löschfähigen Männer zur Wallfahrt nach St. Peter unterwegs waren. Im Zuge der Refomation wurde die St.-Barbara-Reliquie entfernt, ebenso eine Barbara-Statue, die sich heute im Museum des Kölner Erzbistums befindet.

Als letzter katholischer Seelsorger steht 1567 Pfarrer Hermann Velthus in der Kirchenchronik.

1673, als es über 100 Jahre keine Wallfahrten mehr gab, wurde St. Peter im Zuge der französischen Raubzüge durch Feuer zerstört. Am 7. März 1945 schlug eine Fliegerbombe in die Kirche ein, nur der Turm blieb stehen. Der historische Friedhof rund um das Gotteshaus ist noch heute erhalten.

Erhalten ist auch das kleine Fachwerkhaus in der Nähe der Kirche, das im Volksmund „Klösterken" genannt wird. Dieses älteste Wohnhaus des Dorfes ist um 1700 errichtet worden. Auf dem Sockel eines alten Baus, der in der vorreformatorischen Zeit von Mönchen aus Soest oder Paderborn bewohnt wurde, die Pilgern und Wallfahrrern nach St. Peter Unterkunft gewährten und sie betreuten. Das „Klösterken" liegt unmittelbar an dem Pilgerweg, der von Osnabrück über Münster und Dortmund nach Hagen, Wuppertal und Köln führte. Seit dem 12. Jahrhundert richteten Kirchen längs des Pilgerweges Wallfahrten ein. Die Kirche St, Peter und der Petersbrunnen waren zentrale Wallfahrtsorte der Dortmunder Christen. Der Standort des legendären Petersbrunnen, den Papst Leo III. geweiht hat, ist heute unbekannt.

In den letzten Jahren hat eine ökumenische Initiative engagierter Christen St. Peter Syburg wieder als Wallfahrtsort ins Gedächtnis gerufen: Seit 2005 findet alle zwei Jahre der St. Peter-Pilgerweg, eine ökumenische Mini-Wallfahrt, von der Dortmunder Innenstadt nach Syburg statt. Mit wachsender Beteiligung ...

Fotos:

a. Die älteste Kirche Westfalens St.-Peter-Syburg.

b. Das kleine Fachwerkhaus in der Nähe der Kirche, das im Volksmund „Klösterken" genannt wird.

c. Historische Grabsteine auf dem kleinen Friedhof.

Willkommen am
heiligen Ort

Fürstenbergkapelle
Ense-Lüttringen

Sie liegt mitten im Wald und ist nur schwer zu finden. Aber wer sie gefunden hat, bleibt andächtig stehen, faltet die Hände und fängt an zu beten: Die Kapelle auf dem Fürstenberg hat etwas Faszinierendes.

Sie liegt etwas oberhalb des Forsthauses Fürstenberg, ihre Geschichte reicht zurück bis ins 14. Jahrhundert, denn in einer Urkunde vom 12. April 1429 wird erwähnt, „dass das Holz um die Kirche auf dem Fürstenberg stehen bleiben soll, wie die Eltern es gesetzt haben". Das „Holz" sind Eichen, die ein Menschenalter zuvor gepflanzt worden sind.

Deshalb wird vermutet, dass der Kapellenbau im Zusammenhang mit dem Jahr 1368 steht, als der kinderlose letzte Graf von Arnsberg, Gottfried IV., seine Grafschaft an den Kurfürsten von Köln übertrug.

Bei der Kapelle handelt es sich um einen einjochigen Saalbau mit 3/6– Chorschluss und eingezogenem Westturm. Das kleine Gotteshaus ist den Aposteln Philippus und Jakobus geweiht. Das niedrige, langgezogene Kapellenschiff trägt ein Satteldach, der nur wenig darüber hinaus ragende Turm einen achteckigen Knickhelm. Außen umgeben vier starke Strebepfeiler den Chor.

Im Kapelleninneren werden der Chor und die fast quadratische Turmhalle von Stichkappengewölben und das Kapellenlanghaus von einem Kreuzgratgewölbe abgeschlossen. Einfache Eckpfeiler tragen die Wandgliederung. Fünf Fenster mit Rundbögen und Herzen an den Spitzen lassen Tageslicht in die Kapelle. An der Nordseite des Langhauses befindet sich das Eingangsportal, das ebenfalls einen Rundbogen hat und von zwei flachen Pilastern gerahmt wird.

Ein Wappen mit Jahreszahl und Inschrift zur Erweiterung und Restaurierung der Kapelle 1663 durch Fürstbischof Ferdinand von Fürstenberg gibt den Hinweis, dass Fürstbischof Dietrich von Paderborn die Kapelle schon im Jahre 1610 restauriert hat.

Im Inneren der Kapelle zieht der Altar die Blicke der Besucher sofort auf sich. Dahinter befindet sich eine Tafel, die Ferdinand von Fürstenberg zu Ehren der Kapellenpatrone 1665 gestiftet hat. Aus diesem Jahr stammt auch der Barockaltar, der über drei Zonen verfügt. Zwei gewundene Säulen, von Weinreben umrankt, bilden heute den seitlichen Rahmen um das Altargemälde aus dem späten 19. Jahrhundert, flankiert von den lebensgroßen Apostelfiguren der beiden Kirchenpatrone. Das Gemälde zeigt das von Aposteln umgebene leere Grab Mariens im

c

d

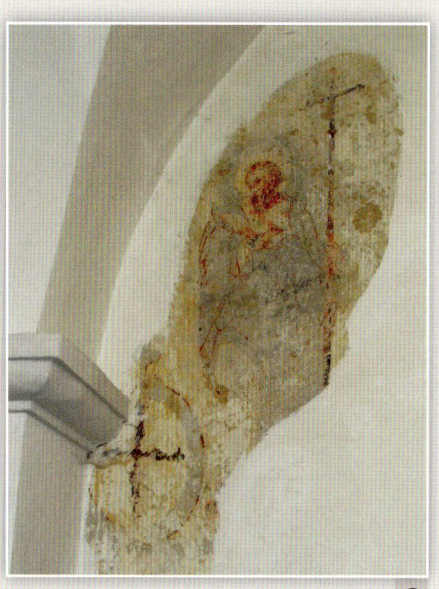

e

unteren Teil, während oberhalb die Marienkrönung dargestellt ist. Im Mittelteil des Bildes erkennt der Betrachter einen Steinsarkophag mit den Aposteln, im Vordergrund Petrus und Paulus sowie eine Landschaft mit Tempelruine. Darüber eine Wolkenbank, die die irdische und himmlische Sphäre trennt. Das Gemälde erhielt 1912 seinen heutigen Platz. Die Komposition des Altargemäldes ist eine ziemlich genaue Kopie der Marienkrönung von Meister Raphael, die sich heute in der Pinacoteca Vaticana in Rom befindet.

Im Jahr 1993 wurden bei einer erneuten Restaurierung des kleinen Gotteshauses westlich des Kapelleneingangs ein Wandgemälde entdeckt mit der Darstellung des Philippus, das vermutlich wie der Altar aus der Zeit um 1663 stammt. Das Wandbild befindet sich auf einem Altputzrest, der sich direkt an Gewölbebogen und -pfeiler anschließt.

Auch der teilweise aufgedeckte Picksteinfußboden der Kapelle stammt aus der barocken Bauphase. Er besteht aus hochkantversetzten, flachen und grob zugehauenen bzw. gespaltenen Bruchsteinen und Kieselsteinen. Die „Doppelmadonna", 1,20 Meter hoch und aus Eichenholz, datiert um das Jahr 1740. Sie steht auf einer Mondsichel, die auf einer Weltkugel aufliegt, die eine Schlange umschlingt. Diese Arbeit wird dem Bildhauer Heinrich Stütting zugeschrieben. Im Zuge der Restaurierung 1995 wurden die Strahlen aus Lindenholz ersetzt.

Auch Skulpturen der heiligen Liborius und Lambertus erwarten den Besucher im Kapelleninneren.

Die Glocke der Kapelle soll aus dem 13. oder 14 Jahrhundert stammen, sie ist im Jahr 1821 zum Preis von 46 Reichsmark für die Kapelle gekauft worden. Während des 2. Weltkrieges war die Glocke beschlagnahmt, wurde schließlich auf einem Lagerplatz in Münster wiedergefunden und im Juli 1947 erneut im Kapellenturm aufgehängt. Sechs Wochen später war sie verschwunden, gestohlen und es wurde sogar über Rundfunk und Fernsehen nach ihr gefahndet. In Ennepetal wurde sie schließlich bei einem Schrotthändler aufgefunden und am 22. August 1957, zehn Jahre nach ihrem Verschwinden, von Fürstenberg-Rentmeister Anton Enste zurück in den Kapellenturm geholt. Auch der Klöppel tauchte später wieder auf.

Zu der Kapelle führt ein Kreuzweg, der regelmäßig gegangen wird und um dessen Pflege sowie um die Außenanlagen und die Sauberhaltung der Kapelle sich Antonius Risse ehrenamtlich seit Jahren kümmert.

Auch ist die uralte Wallfahrtstradition, bei der die Fürstenberg-Kapelle als Station von großen Wallfahrten nach Werl genutzt wird, immer noch aktuell. Im Mai steht Jahr für Jahr die Wallfahrt der Kirchengemeinde Sundern sowie des Pastoralverbundes Hellefeld auf dem Programm. An jedem Mittwoch in den großen Ferien finden regelmäßig Gottesdienste in dem kleinen Gotteshaus statt. In den Monaten Mai und Juni wallfahren die kfd Ense-Bremen und die KAB Herdringen dorthin, ein großer Fackelzug, angeführt von der Freiwilligen Feuerwehr Höingen, bewegt sich am Fest der unschuldigen Kinder auf den Fürstenberg. Bei einer heiligen Messe um den 6. Januar sind auch die „Heiligen Könige" aus Lüttringen dabei.

Fotos:

a. Ein Schmuckstück mitten im Wald: die Fürstenbergkapelle.

b. Der Altar mit seinem farbenprächtigen Gemälde ist der Blickfang im Kapelleninneren.

c. Über dem Kapellenportal prangt das Wappen der Familie Fürstenberg.

d. Die Strahlenmadonna der Kapelle.

e. Jahrhunderte blieb diese bei Restaurierungsarbeiten wiederentdeckte Wandmalerei verschwunden.

Willkommen am heiligen Ort

Kapelle Lusebrink

Erwitte

Erwitte ist, das vorweg geschickt, kein eigentlicher Wallfahrtsort. Doch im Stadtgebiet der schmucken Kleinstadt in der Tiefebene der Soester Börde liegt eine kleine Kirche, die sicherlich eine Walldahrtsvergangenheit hat. Sie hat eigentlich keinen Namen. Die einen nennen sie „Wallfahrtskapelle bei Schmerlecke", andere sagen „Pilgerkaplle mit Kreuzweg am Jakobsweg", doch alle meinen dasselbe: Die kleine Kapelle auf dem Lusebrink bei Erwitte.

Nachforschungen über die Geschichte des kleinen Gotteshauses, das durch die Einrichtung des westfälischen Jakobsweges von Höxter über Paderborn nach Dortmund aus seinem Dornröschenschlaf erweckt wurde, führen nach kurzer Zeit ins Ungewisse.

Fest steht, dass die Kapelle, wie sie sich heute dem Besucher darbietet, in zwei Etappen erbaut worden ist. Der hintere Teil, in dessen Mittelpunkt der Altar steht, ist in den Jahren 1696/97 errichtet worden. Ein heute noch sichtbarer Grundstein mit dem Datum 18, Mai 1692 untermauert diese Behauptung. Bauherr war, wie ein weiterer Grundstein belegt, ein gewisser Johannes Molitor. Dieser Kaufmann aus dem benachbarten Erwitte, der aus den Niederlanden stammte und seinen ursprünglichen Namen „Muller" als „Molitor" lateinisiert hatte, hatte für seinen Kapellenbau sicherlich bewusst die Einsamkeit der Gemarkung Lusebrink gesucht und gefunden als idealer Standort für seine kleine Kirche.

Die unmittelbare Nähe zum Hellweg, der unter den westfälischen Landwegen des Mittelalters eine ganz besondere Rolle als Verbindung zwischen den östlichen und den westlichen Handelsmetropolen jener Zeit spielte, kam dazu. Seit der Zeit Karls des Großen war der Hellweg in die kirchliche Geschichte fest eingebunden. Als friedlicher Missionsweg zwischen Corvey, Paderborn, Dortmund und Aachen war er für die Gründung früher Kirchen hilfreich: Er verband als „via regia" (Königsstrasse) auf westfälischem Grund die Reichsabtei Corvey und die „Pfalz" Paderborn mit Karls „Lieblingsresidenz" Aachen. Später wurde aus der Königsstraße ein bedeutender Handelsweg, der neben Kaufleuten auch Pilgern ein nahezu gefahrloses Fortkommen ermöglichte.

Zurück zur Lusebrink-Kapelle, die auf einem Riedgrashügel südlich dieser Traditionsstraße steht. Der Erbauer Johannes Molitor hatte das kleine Gotteshaus ursprünglich dem heiligen Antonius von Padua gewidmet. Diese Namensgebung wurde später aufgegeben, als 1881 die Kapelle um den hinteren Teil erweitert wurde, obwohl die Figur des ursprünglichen Namensgebers ihren Platz links neben der eichenen Eingangspforte behielt. 1907 erhielt die Kapelle bei einer Renovierung ihre jetzige Form. Sechs über 100 Jahre alte Eichenbalken tragen das Kapellendach über dem hinteren Teil, in dessen Mittelpunkt ein Bild von der Kreuzabnahme Jesu hängt.

Gegenüber dem Eingang zieht die heilige Maria mit dem Jesuskind auf dem Schoß die Blicke der Besucher auf sich, flankiert von dem heiligen Georg auf der linken und der heiligen Agatha auf der rechten Seite. Das kleine Gotteshaus bietet auf rustikalen Holzbänken 30 Gläubigen Platz.

In früheren Jahren standen regelmäßig Wallfahrten hierher, so erzählen betagte Bewohner aus den umliegenden Dörfern noch heute, auf dem Kapellenprogramm. Doch in den letzten fünf Jahrzehnten hat diese Tradition stark nachgelassen. Taufen oder gar Hochzeiten sind auch nicht mehr verzeichnet, diese fanden ausschließlich in der Pfarrkirche in Horn statt, die heute zum Pfarrverbund Erwitte/Geseke gehört. Lediglich Maiandachten von Frauen- oder Wandergruppen, die ihren eigenen Pfarrer in ihren Reihen hatten, sind verzeichnet. In dem schlichten Gotteshaus,

es hat weder einen Strom- noch einen Wasseranschluss, sorgt flackerndes Kerzenlicht für die notwendige Stimmung. Ein Kreuzweg mit 14 Stationen umschließt die aus blauen Bruchsandsteinen gemauerte Kapelle mit den sechs kleinen Fenstern.

Der neugezeichnete Jakobsweg bringt diesem Kleinod aber neue Besucher: Für Pilger ist die Kapelle der ideale Ort zur Besinnung und inneren Einkehr. Wenn sie verschlossen ist, den Schlüssel gibt es 50 Meter weiter in Richtung Soest bei Familie Bals, in deren Besitz die Kapelle seit den 40er Jahren des letzten Jahrhunderts ist.

Fotos:
a. In unmittelbarer Nähe des Hellwegs und direkt am Jakobsweg: die Wallfahrtskapelle auf dem Lusebrink.
b. Ursprünglich war sie dem heiligen Antonius geweiht.
c. Heilige Versammlung im Inneren: Maria, flankiert von Georg und Agatha.

Willkommen am heiligen Ort

St. Cyriacus

Geseke

Es ist über 375 Jahre her, dass der Schuss des hessischen Soldaten Ludwig Sadeler aus Treysa das Marienbild der schmerzhaften Gottesmutter in einem Heiligenhäuschen am Hellweg getroffen hat. Deswegen wurde das Bild vom „Tatort am Hellweg" in die Stifts–kirche St. Cyriacus in Geseke übertragen und wird dort seitdem als Gnadenbild verehrt.

Der Legende nach blutete die Marienstatue aus dem Einschussloch so stark, dass das Blut in Strömen bis in den Teich mitten in der Stadt floss. Daraufhin blühten an der Straße, die heute noch Rosenstraße heißt, prächtige Rosen. Das Einschussloch an der linken Schulter der Statue ist heute noch sichtbar.

Eine kreisrunde Tafel neben dem Gnadenbild erzählt den Gläubigen und Wallfahrern die historische Begebenheit:

„Anno 1633, den 29. October, hat Ludwig Sadeler, ein Musquetier unter Hauptmann Mathias Achtersem, gegenwärtiges Vesper–Bild der schmerzhaften Mutter Gottes, Maria, Christum auf dem Schoß haltend, so dazumal in hiesiger Stadt auf dem Hellweg in einem kleinen aufgemauerten Häuslein gestanden, mit vorgebenden blasphemischen Worten: Da „Sitzendes Weib" zu schießen, stehend gegenüber in eines Bürgers Johann Pontness genannt Hilpeken Behausung löset sein Gewehr und trifft es in die linke Schul-ter, darauf er sobald zur Erde gesunken und unsinnig worden, darin er auch verblieben drei Tage, jämmerlich unterdessen gerufen: Heilet das Weib! Endlich in solcher Unsin-nigkeit, den 1. November elendig gestorben." Soweit die Historie. Das Gnadenbild trägt seitdem den Namen „Maria Schuss".

Zahlreiche Heilungen, die der Fürsprache der Gottesmutter zugeschrieben werden, sind seitdem überliefert. In handschriftlichen Aufzeichnungen des früheren Stiftspfarrers Rudolf Kösters ist nachzulesen, dass 1746 eine Freifrau nach einem Gelübde, falls sie Heilung erführe, veranlasst habe, dass neben dem Gnadenbild vier Kerzen während der Sonntagsmesse entzündet werden sollen. Sie wurde geheilt, seitdem brennen vier Kerzen … Auch eine 20–jährige Bürgertochter er-lebte 1749 die Genesung ihres linken Fußes, nachdem sie, auf Krücken angewiesen, von ihrem Vater in die Kapelle getragen wurde. Nach vier Tagen warf sie die Krücken weg und vier Wochen später konnte sie laufen, als habe ihr nie etwas gefehlt.

c

d

e

Und dieses Wunder widerfuhr einem Kind, das mit fünf Jahren zu einem Krüppel wurde und Jahre später trotz Krücken nach der Schule zum Gnadenbild in der Kirche nur noch kriechen konnte: Nach einem Bittbesuch beim Gnadenbild reichte das Kind seiner Mutter die Krücken: Eine sollte sie verbrennen, die andere hing der Knabe als Dankopfer selbst an den Muttergottesaltar. „Über all dies kann die ganze Stadt Zeugnis geben", schließen die Aufzeichnungen.

Die Geseker Bürger fühlen sich mit dem Gnadenbild „Maria Schuss" sehr eng verbunden und natürlich mit der Mutter Gottes, die sie mit diesem Bild verehren. Aus Dankbarkeit für die Hilfe, die sie und ihre Stadt durch die Gottesmutter in vielen Notzeiten erfahren haben, wurde ihr unter dem Titel „Maria, Königin des Friedens" die in den Jahren 1954 bis 1957 erbaute Kirche im Süden Gesekes geweiht, die von allen nur „Marienkirche" genannt wird.

Die Verehrung des Bildes „Maria Schuss" spiegelt sich in Geseke in vielen Tatsachen wider: Stille Gebete vor dem Gnadenbild sind ebenso wie das Entzünden einer Opferkerze oder der Eintrag ins Fürbittebuch sichtbare Beweise. Die Messfeiern an jedem Samstag-

morgen am Gnadenaltar, der Abschluss der Maiandachten, die Rosenkranzandachten im Oktober sowie die Wallfahrtsandachten und –messen der auswärtigen Wallfahrtsgruppen, das alles ist Ausdruck der großen Verehrung des Gnadenbildes.

Seit dem 3. Januar 2002 gehören dazu auch die regelmäßigen Monatswallfahrten, die vom damaligen Paderborner Weihbischof Reinhard Marx eröffnet wurden. Sie finden jeweils am monatlichen Gebetstag um geistliche Berufe, dem Donnerstag vor dem Herz-Jesu-Freitag, dem ersten Freitag im Monat, statt. Für viele Gläubige ist die Monatswallfahrt ein fester Punkt in ihrem geistlichen Leben geworden.

Sie beginnt um 17 Uhr mit der Aussetzung und dem Gebet um geistliche Berufe sowie der stillen Anbetung. Eine halbe Stunde später steht das Rosenkranzgebet auf dem Plan und um 18 Uhr wird die Heilige Messe mit Wallfahrtspredigt gefeiert. Marienlob und allgemeiner Segen mit der Kreuzreliquie schließen sich an.

Fotos:

a. Die Kirche St. Cyriacus.

b. Blick zum Hochaltar.

c. Das Gnadenbild: „Maria Schuss".

d. Auf dieser Tafel ist die „Maria-Schuss"-Geschichte festgehalten.

e. Kreuzgang des ehemaligen Klosters.

f. Zwischen Hellweg und Umgehungsstraße am Ende des Kapellenweges gelegen: die Kapelle Maria Hilf in Geseke, erbaut 1703, eine Stiftung des Geseker Bürgers und Paderborner Generalvikars Bernardus Jodokus Brüll.

f

Willkommen am
heiligen Ort

Mariä Himmelfahrt
Hallenberg

Die Pfarrkirche St. Heribertus ist zwar eine sehr gute Gastgeberin, nicht nur weil sie die Gläubigen zu einer Wallfahrt zur „Herzogin des Sauerlandes", oder wie andere bisweilen sagen: Zum Gnadenbild „Unsere liebe Frau von Merklinghausen" einlädt und früher zahlreiche zünftige Sauerländer Gasthäuser in unmittelbarer Nähe lagen. Aber sie ist nicht die eigentliche Wallfahrtskirche. Wallfahrer sind in Hallenberg in der Kirche Mariä Himmelfahrt an der richtigen Adresse, der sogenannten „Unterkirche".

1161 wurde diese historische Wallfahrtsstätte erstmals erwähnt und beeindruckt noch heute mit ihrem schlichten Altar und mit einer eindrucksvolle Pieta ihre Besucher.

Das Gnadenbild aus dem 13. Jahrhundert zeigt Maria als thronende Mutter Gottes mit dem Jesuskind auf dem Arm.

Die Geschichte der Kirche, deren Ursprung bis in das Jahr 1000 zurückreichen soll, erzählt eine kunstvoll geschriebene Urkunde aus dem Jahr 1954: „Diese Kirche zu Merklinghausen ist eine der uralten Kirchen des kurkölnischen Sauerlandes. 1240 zierte man nach der Stadtgründung von Hallenberg diese Maria-Himmelfahrts-Kirche mit dem Bild der ‚thronenden Madonna', die sehr bald zum Anziehungspunkt zahlreicher Beter wurde. Das große Vertrauen zur hilfreichen Königin des Himmels und Mariens Gnadenerweise an dieser Stätte machten das

altehrwürdige Heiligtum zu einem beliebten Wallfahrtsort, der im Mittelalter und darüber hinaus manchem Pilgerherzen Trost und Hilfe in wunderbarer Weise bescherte".

Bemerkenswert an dieser Urkunde ist auch, dass Pilger und Wallfahrer in einem Satz genannt und quasi gleichgestellt werden, obwohl sie sich nach der Bedeutung ihre Weges nur ähnlich, aber nicht gleich sind.

Unter kriegerischen Konflikten hat das ursprüngliche Gnadenbild in früheren Jahrhunderten stark gelitten. Es war derart in Mitleidenschaft gezogen, dass weitreichende Änderungsarbeiten notwendig wurden. Gleichzeitig wurde es „modernisiert" und dem aktuellen Stilempfinden der Zeit an-

c

d

e

gepasst. Dadurch passierte es, dass Gläubige nach Beginn der Barockzeit „ihr" Gnadenbild nicht wiedererkannten und es schließlich ganz vergaßen.

Aber im Jahr 1927 kam es wieder ans Tageslicht: Der Benediktinerpater Ansgar Pöllmann entdeckte es in einem Glasschrank in der Unterkirche. „Wir können uns die Freude und den Jubel der Bürger Hallenbergs gut vorstellen: Endlich hatten sie ihre älteste Mitbürgerin wieder", schrieb Jahre später ein begeisterter Firmling in einem Aufsatz.

Es dauerte nicht lange, bis die Unterkirche von Merklinghausen, die etwas versteckt direkt an der Hauptstraße liegt, ihren alten Status als Wallfahrtskirche wieder erlangte. Sie steht Wallfahrern, und damit sind auch Pilger gemeint, die in dem Gotteshaus zur heiligen Messe versammelt sind, jederzeit zur Verfügung.

Direkt hinter der Wallfahrtskirche liegt der Freiluftaltar.

Viele Hallenberg–Pilger gehen nach dem Gottesdienst den Weg auf den Kreuzberg, dabei beten sie. Denn der Weg zu der auf der Höhe gelegenen Kreuzbergkapelle ist ein Kreuzweg, der ab der fünften Station ein Weg der Stille wird, denn der Sauerländer Wald umfängt den andächtigen Beter.

Und dieser Weg gibt spätestens in diesen andächtigen Augenblicken der Stille auch den Gläubigen Recht, die Hallenberg auch als eine perfekte Gastgeberin angepriesen haben: Hier finden Wallfahrer alles, was sie suchen, ein Heiligtum aus ältester Zeit mit einem kostbaren Gnadenbild, beeindruckende Gottesdienste, die im Gedächtnis bleiben, die Anbetung vor dem Allerheiligsten sowie Ruhezonen zur Meditation und ganz persönlichen Frömmigkeit. Und außerdem ein besonders reizvolles kleines Städtchen am Südhang des Rothaargebirges.

Hauptwallfahrtstag der Gemeinde ist der Sonntag nach Mariä Himmelfahrt (15. August), den die Gläubigen auch „Muttergottestag" nennen. Die Eucharistie wird im Freien gefeiert. Anschließend ziehen die Gläubigen in der Prozession mit dem Gnadenbild zur Pfarrkirche. Nach Marienvesper und Festandacht geht es in einer Lichterprozession zurück zur Unterkirche, wo eine Marienfeier den Tag beschließt.

Das Wallfahrtsheiligtum ist ganztägig geöffnet, so dass Einzelpilger, Gruppen und Wallfahrer jederzeit die Möglichkeit haben, vor dem Allerheiligsten zu beten. Jeden Samstag steht eine heilige Messe in der Unterkirche auf der Gottesdienstordnung.

Fotos:

a. Die „Unterkirche Mariä Himmelfahrt" ist die Wallfahrtskirche Hallenbergs.

b. Der Altar der Wallfahrtskirche „Mariä Himmelfahrt".

c. Der Marienaltar im Garten der Wallfahrtskirche.

d. Das Innere der Pfarrkirche St. Heribertus.

e. Die Pfarrkirche St. Heribertus in Hallenberg.

Marienkirche

Herford

Herford gehört zu den ältesten Wallfahrtsorten im Erzbistum Paderborn. Wenn es allein um einen Ort einer Marienvision geht, dürfte Herford wohl der älteste Wallfahrtsort dieser Art in ganz Europa sein. Seine Ursprünge reichen bis ins 10. Jahrhundert zurück.

In Herford ist der Begriff „Kirche und Kirmes" seit vielen Jahrhunderten gepflegt und ökumenisch verwirklicht worden: Gläubige vieler Konfessionen strömen zu dem Herforder Volksfest „Vision", das seinen Ursprung in der Marienvision eines Bettlers hat. Diesem Fest sind in der heutigen Zeit viele Wallfahrten vorausgegangen, die der Marienverehrung entsprangen.

Ein Bericht aus dem 10. Jahrhundert erzählt, wie es zu dieser besonderen Marienverehrung in Herford kam. Es heißt darin, dass Maria einem Bettler auf dem Luttenberg den Auftrag erteilt habe, die Herforder Stiftsdamen zur Umkehr und zur Besserung aufzufordern, weil deren Ruf nicht gerade der beste war. Marias Sorge galt sowohl dem geistlichen Leben der Damen als auch dem Zustand der Gebäude, in denen sie leben.

Zuvor hatte der Bettler an dem Ort, wo Maria ihm erschienen und den Auftrag erteilt hatte, einen Baum mit einem Kreuz markiert. Sie würde hier, wenn man ihrer Botschaft keinen Glauben schenken sollte, als Taube erscheinen. Als die Stiftsdamen sich den Ort ansehen, erhebt sich von dem Bettlerkreuz eine Taube und fliegt davon. Der Konvent, von diesen Ereignisen informiert, wird Zeuge dieses Vorfalls.

Es ist überliefert, dass Jahre später an diesem Ort der Erscheinung eine Kirche gebaut und diese von Bischof Meinwerk im Jahr 1018 auf den Namen „Zu Ehren der seligen Jungfrau Maria" mit dem Zusatz „zum Kreuz" geweiht wurde. Historiker haben ermittelt, dass vermutlich genau an der Stelle, wo jetzt die Kirche gebaut wurde, zu germanischer Zeit die heidnischen Gottheiten Wodan und Freia verehrt wurden. Der Baumstumpf, den der Bettler mit einem Kreuz markiert hatte, steht heute noch im Reliquienschrank der Kirche St. Marien.

Zahlreiche Pilger und Wallfahrer kommen in den folgenden sechs Jahrhunderten an diesen Ort und die Geheilten hinterlassen hier ihre Gehhilfen und zahlreiche Dankesgaben: Herford ist das Ziel von Zehntausenden von Wallfahrern und Pilgern geworden.

In der Zeit der Reformation wird das Gotteshaus St. Marien dann evangelisch. Die Wallfahrten sind Vergangenheit und trotz-

c

d

e

dem kommen anschließend sehr viele Menschen an diesen Ort. Denn hier entwickelt sich ein beliebter Jahrmarkt und Schausteller mit ihren Fahrgeschäften sorgen dafür, dass die „Herforder Vision" zu einem Begriff im ganzen Land wird, ähnlich bekannt wie der „Hamburger Dom" oder der „Bremer Freimarkt". Denn das Wort Kirmes wird schließlich abgeleitet aus den Begriffen Kirche und Messe, Kirmes ist also ein Kirchfest.

Hier in Herford ist aus einem vermutlich heidnischen Götterheiligtum mit Opferplatz ein Wallfahrtsort und daraus ein Volksfestplatz geworden, der heute allerdings wiederum auf dem besten Weg zu einem erneuten Wallfahrtsort ist.

Denn um die Erinnerung an die Erscheinung Marias auf dem Luttenberg wach zu halten und die Wallfahrtstradition fortzusetzen, ließ Dechant Ludwig Jüngst 1980 auf dem Langenberg eine neue Marienkapelle erbauen, die im Garten des Altenheims Maria Rast liegt. Das kleine Gotteshaus wurde am 12. September 1981 durch Erzbischof Johannes Joachim Degenhardt eingeweiht. Ludwig Jüngst stiftete der Kapelle eine Marienfigur, der er spontan den Titel „Maria Rast" verlieh. Wallfahrten nach Herford hatten zwar bereits in der ersten Zeit nach dem 2. Weltkrieg wieder zaghaft begonnen, sie erhielten aber

erst nach dem Bau der Kapelle Maria Rast neuen Aufschwung. Die Herforder Stadtwallfahrt in jedem September ist seit 2010 auch inhaltlich echt ökumenisch geworden: Die Eucharistiefeier findet nicht mehr an der katholischen Wallfahrtskapelle statt, sondern in der evangelisch-lutherischen St. Marienkirche. Auch die Priester und Pfarrer, die die Predigten halten, sind ökumenisch ausgewählt: Neben katholischen Würdenträgern wie Erzbischof Johannes-Joachim Degenhardt und den Weihbischöfen Matthias König und Hubert Berenbrinker, Manfred Grothe und Dr. Karl-Heinz Wiesemann, Kardinal Dr. Reinhard Marx und Professor Dr. Peter Schallenberg standen u. a. seit 1981 auch evangelische Repräsentanten wie die Pfarrer Dr. Wolfgang Otto und Matthias Storck auf der Kanzel.

Auch Bischof Dr. Josef Clemens aus Rom steht auf der langen Liste, auf der die Synodalassessorin Brigitte Janssens, die einzige Frau ist, die in Vertretung für Bischof Leo Nowak nach Herford kam.

Aber auch das jährliche Volksfest „Herforder Vision" erfreut sich steigender Beliebtheit. Denn nicht nur „Vision"-Besucher gehören heute vielen Konfessionen und Ursprungsvölkern an, auch das Herforder Wallfahren und Pilgern ist ökumenisch geworden: Wall-

fahrtsgruppen besuchen in ökumenischer Verbundenheit sowohl die Kirche St. Marien Stift Berg (evangelisch) als auch die Kapelle Maria Rast (katholisch). Die Wallfahrer und Pilger verehren Maria dabei als „Wegweiserin zum Kreuz, zu ihrem Sohn, unserem Herrn und Erlöser, als Wegweiserin zu Besinnung, Umkehr und Erneuerung, und als Fürsprecherin und Begleiterin auf allen Lebenswegen".

Fotos:

a. Die heute evangelische Marienkirche ist von außen ...

b. ... und von innen beeindruckend.

c. Der markierte Baumstumpf steht immer noch im Reliquienschrank.

d. Die neue Kapelle „Maria Wegweiserin" auf dem Langenberg im Garten des Altenheimes ...

e. ... ist innen schlicht, aber beeindruckend gehalten.

Externsteine
Horn-Bad Meinberg

Sie sind rund 70 Millionen Jahre alt und ein Naturdenkmal mitten zwischen Teutoburger Wald und Eggegebirge. Bereits während der Steinzeit soll das markante Felsgebilde aus verschiedenen Gründen große Bedeutung gehabt haben, sei es, um Schutz vor den Wetterkapriolen zu finden, oder sei es aus kultischen Gründen. Funde beweisen, dass Menschen bereits um etwa 10 000 vor Christi Geburt hier gelebt haben. Zwar fehlen Funde aus der Jungsteinzeit, der Bronze– und der Eisenzeit, aber die Felsgruppe ist seit Jahrhunderten für Wissenschaftler immer wieder Gegenstand von Forschungen. In Fels geschlagene Treppen bieten sich ebenso zu Deutungen an wie geheimnisvolle Räume,

die als Kapellen gedeutet werden, und das Kreuzabnahmerelief außerhalb des „Kapellenfelsens".

Der Gedanke, dass Karl der Große die ursprünglich als heidnisches Heiligtum angesehenen Felsen in eine christliche Kultstätte umgewandelt habe, verfestigte sich durch den Lemgoer Pfarrer und Historiker Hermann Hamelmann. Seit dem 18. Jahrhundert hält sich auch die Ansicht, dass hier der Standort der von Karl dem Großen im Jahr 772 zerstörten „Irminsul", eines sächsischen Heiligtums, gewesen sei.

Innerhalb der Externsteine gibt es zwei „Kapellen". Die untere davon wurde im Jahr 1115 durch den Paderborner Bischof Heinrich II. geweiht. An diesem Ort wurde in den folgenden Jahrzehnten eine Heilig–Grab–Gedenkstätte errichtet, von der heute allerdings nichts mehr erkennbar ist. Sie ist so verändert, dass sich heute am Fuß der Felsen ein Arcisolgrab befindet als Hinweis auf das „leere Grab Jesu".

Trotzdem wurden in den vergangenen Jahrzehnten in der unteren Kapelle, die symbolisch als Grabkammer anzusehen ist und die ansonsten nicht zugänglich und durch Eisengitter gesichert ist, die nur zu speziellen Führungen geöffnet werden, Ostergottesdienste abgehalten und auch für Marienandachten an bestimmten Feiertagen die Schlösser geöffnet.

c

d

Das Kreuzabnahmerelief, das eindeutig von der sakralen Funktion der Externsteine zeugt, ist vermutlich um 1150 entstanden. Mönche der Benediktinerabtei Werden an der Ruhr hatten hier die heiligen Geschehnisse in Jerusalem nachzubilden versucht: Nikodemus und Josef von Arimatäa nehmen in der Darstellung Jesus vom Kreuz ab. Über dem Kreuzesbalken erscheint Gottvater, in seinen Armen hält er unter der Gestalt eines Kindes mit der Siegesfahne, die Seele seines Sohnes. Diese Deutung ist aber nicht unbestritten. Einige Experten vermuten, dass in dem Relief „der Auferstandene segnend dargestellt ist", der im Sinne byzantinischer Ikonen die „anima des Irdischen im Arm hält." Unterhalb des Kreuzes beschließen Adam und Eva, die auf Erlösung hoffen, die ganze Erlösungstheologie der christlichen Kirche.

Das Relief ist ein Meilenstein der christlichen Monumentalplastik und das bedeutendste Zeugnis seiner Art in ganz Nordwest-Europa. Wer nach Vorbildern dieser Arbeit sucht, wird in den Miniaturen byzantinischer Elfenbeinschnitzereien und in Buchmalereien fündig werden, allerdings in sehr verkleinerter Form.

Die Hauptfiguren der Monumentalplastik, die in zeitgenössischer fränkisch-sächsischer Tracht dargestellt sind, und die Gesamtkomposition sprechen für einen oder mehrere überragende Meister der damaligen Zeit, die die starren Formen ihrer Vorbilder beiseite gerückt haben und ihre kunstvolle Arbeit vollkommen den Verhältnissen der freien Natur neu angepasst haben.

Die obere Kapelle im Kopf des sogenannten „Golgathafelsens" mit ihrem nach Osten gerichteten „magischen Auge" gilt oft als Ort der Beobachtung der Gestirne und kann als solcher auch genutzt werden. Durch dieses „Auge" wandern die Sonnenstrahlen durch den Kapellenbau über den kleinen Ambossaltar hinweg bis zur Stein kammer in der gegenüber liegenden Felswand. Es wird vermutet, dass hier vor Jahrhunderten Wallfah-

rer im Andenken an die Kreuzigung Christi und seine Auferstehung Messen gefeiert haben. Der Fuß des Altars unterhalb des „Auges" scheint das heute noch zu beweisen.

Die Externsteine haben eine intensive Erdstrahlung wurde oft behauptet, nachgewiesen wurde das allerdings nie. Trotzdem nutzen verschiedene Gruppen bestimmt Tage wie den 21. Juni, um dort aufwändige Sonnenwendfeiern zu zelebrieren Auch rechtsextreme Gruppierungen haben in der jüngsten Vergangenheit versucht, die Steine wegen ihrer „sächsischen Vergangenheit" für ihre Zwecke zu missbrauchen.

Fotos:

a. So kennt sie jeder: die Exernsteine.

b. Die untere im Jahr 1115 geweihte Kapelle.

c. Die „magische", kreisrunde Öffnung in der oberen Kapelle.

d. Das Kreuzabnahmerelief vor dem Aufgang zur oberen Kapelle.

Willkommen am heiligen Ort

Stadt mit Wallfahrts-Vororten

Höxter im äußersten Osten des Erzbistums Paderborn ist sicherlich eine bedeutende Stadt. Sie ist Kreisstadt und Sitz der Hochschule OWL. Aber eines ist sie nicht: Sie selbst ist kein Wallfahrtsort, hat aber drei „Vororte", die dieses Attribut tragen: Bruchhausen, Stahle und Corvey. Von den insgesamt rund 32 000 Einwohnern der kleinen Universitätsstadt an der Weser sind 18 540 römisch-katholische Christen (59 Prozent) und 7 420 Protestanten. In der Kernstadt Höxter ist das Konfessionsverhältnis etwa gleich stark, während die meisten umlie-

genden Ortschaften in der Reformationszeit katholisch blieben. Heute herrscht ein gutes geschwisterliches Miteinander in der Ökumene; 2013 wurde ein mehrtägiger gemeinsamer Kirchentag begangen.

Die überwiegend erhaltene mittelalterliche Stadtstruktur wird von reichverzierten Fachwerkhäusern geprägt, die wie das bunte Gebäude der Höxteraner Dechanei die Weserrenaissance repräsentieren. Das Haus liegt mitten in der Altstadt am Markt, gegenüber der Stadtkirche St. Nikolai.

Wie sehr sich auch die Studenten der Hochschule mit der romantischen Weserstadt verbunden fühlen, zeigt die Tatsache, dass sie sich in die Neugestaltung der neuen Weserpromenade mit eigenen Entwürfen eingebracht haben.

Höxter ist für Pilger und Wallfahrer ein lohnendes Ziel, auch wenn es nur eine Durchgangsstation zu seinen Wallfahrtsstätten Bruchhausen und Corvey ist, das im Juni 2014 von der UNESCO als Weltkulturerbe anerkannt wurde. Eine Auszeichnung, von der nun auch „Mütterchen Höxter" profitiert.

c

d

Heiliger Vitus

Der heilige Vitus (St. Veit) starb als Märtyrer um 304 während der Christenverfolgungen des römischen Kaisers Diokletian. Er wurde später zum Schutzpatron der Sachsen und zählte als einer der „vierzehn Nothelfer" zu den volkstümlichsten Heiligen des Mittelalters. Er wird traditionell von Menschen, die an Chorea, dem „Veitstanz", erkrankt sind, angerufen. Es handelt sich dabei um eine der Epilepsie ähnliche Nervenkrankheit mit ungewollten Bewegungen des gesamten Körpers, die sich nicht unterdrücken lassen und durch eine organische Schädigung im Zentralnervensystem bedingt ist.

Corvey entwickelte sich zum Wallfahrtsort, nachdem 836 die Gebeine des Heiligen in die Abteikirche übertragen worden waren. Dieses Ereignis wirkte wie ein Magnet auf zahlreiche Menschen aller Stände, sie kamen nach Corvey, um St. Vitus nahe zu sein. Das ihm zu Ehren ins Leben gerufene „Vitus-Fest" wird heute noch gefeiert.

Die Gebeine blieben indes nicht vollständig in Corvey: Herzog Wenzeslaus erwarb eine Armreliquie, brachte sie nach Prag und errichtete für sie eine Kirche, aus der sich der Veits-Dom entwickelte.

Der Legende nach wurde Vitus/Veit als Sohn eines heidnischen Senators auf Sizilien geboren und von seiner Amme Crescentia und seinem Erzieher Modestus zum Christentum bekehrt. Schon als Siebenjähriger wurden ihm Wunder nachgesagt. Er wurde deshalb von seinem Vater geschlagen und vor einen Richter gebracht, weil er nicht von seinem Glauben ablassen wollte. Der Richter befahl, ihn weiter zu schlagen, worauf dem Richter und seinen Knechten die Arme verdorrten. Aber Veit betete und heilte sie. Der Vater schloss ihn mit musizierenden und tanzenden Mädchen ein, die ihn verführen sollten. Als er ihn dabei durchs Schlüsselloch beobachtete, sah er seinen Sohn von sieben Engeln umgeben und wurde blind. Er gelobte vergeblich, einen Stier mit goldenen Hörnern im Tempel zu opfern. Erst das Gebet seines Sohnes heilte ihn. Trotzdem trachtete er ihm weiter nach dem Leben, aber ein Engel veranlasste Veit, mit seinem Lehrer Modestus und seiner Amme Creszentia auf einem Schiff zu fliehen, wo ihnen ein Adler Brot brachte. Aber Vitus fiel mit seinen Begleitern in die Hände des Kaisers Diokletian und wurde getötet.

Fotos:

a. St. Nikolai ist eine offene Kirche in der Fußgängerzone ...

b. ... mit einem beeindruckenden Hochaltar.

c. Der heilige Vitus.

d. Das Fachwerkhaus in der Marktstraße ist Sitz des Höxteraner Pfarrdechanten.

Pfarrkirche St. Marien
Höxter-Bruchhausen

Die kleine Kirche liegt direkt neben dem Schloss. Viele Autofahrer, die in ihr Navigationsgerät „Höxter Schloss" eingeben, landen dort auf dem Platz vor der Pfarrkirche St. Marien in Bruchhausen. Und nicht am Schloss von Corvey, ihrem eigentlichen Ziel. Der Grund für den Irrtum des modernen Autohilfsmittels: In Höxter gibt es mehrere Schlösser und Bruchhausen ist eins davon. Und da B vor C im Alphabet kommt, leitet das „Navi" die Autofahrer nach Bruchhausen, das kleine „Vordorf" der ehrwürdigen Stadt an der Weser.

„Vielleicht hilft ja die moderne Technik auf diese Weise unserer Wallfahrtstradition auch wieder auf die Beine", hoffen die Bruchhauser katholischen Christen, die recht stolz auf frühere Wallfahrer- und Pilgerscharen sind. Früher führte am Vorabend des Mariä-Him-melfahrt-Tages eine große Lichterprozession durch die Dorfstraßen an der Nethe und kündigte das Fest an.

Die alte Pfarrkirche neben dem adeligen Gemäuer ist „Unserer lieben Frau von Bruchhausen, Mariä Himmelfahrt" geweiht. Das verehrte Gnadenbild ist eine romanische Holzskulptur, eine gekrönte Gottesmutter mit dem Kinde, nach byzantinischer Art auf einem Kaiserstuhl sitzend. Nach der volkstümlichen Überlieferung soll es sich dabei um ein altes Stück aus dem nahen Zisterzienserinnenkloster Ottbergen handeln, das nur von 1234 bis 1236 bestand. Da erst durch die Reformation das katholische Leben in Bruchhausen praktisch zum Erliegen kam, ist diese Vermutung wohl falsch.

Wahrscheinlicher ist es, dass die Skulptur aus den Sturmzeiten des 30-jährigen Krieges heraus von Corvey und dann zur Zeit des „starkmütigen" Bruchhauser Pfarrers - so steht es in der Chronik - Dr. Johannes Groene nach Bruchhausen gelangte, denn die übrigen noch vorhandenen Weihegeschenke wie Kreuze, Kronen und Geschmeide weisen alle in das 18. Jahrhundert, also in die Amtszeit dieses Pfarrers.

Fest steht, dass vor diesem Gnadenbild schon unzählige Wallfahrer gebetet und die Gottesmutter als Trösterin der Betrübten, als Heilbringerin der Kranken und als Zuflucht der Sünder angerufen haben, seit sich im 19. Jahrhundert die Marienverehrung wie ein Lauffeuer ausbreitete.

1873 erhielt das Gnadenbild einen Ehrenplatz in der Nähe des Hochaltars. Auch später ließen die Bruchhauser Pfarrer nicht nach, um die Wallfahrtsfrömmigkeit zu ver-

c

d

Ein ganz persönliches Gebet zur Gottesmutter haben die Bruchhauser bereits seit dem Herbst 2003:

Heilige Maria,
wir wissen nicht wie alt
dein Gnadenbild ist. wir wissen nicht,
wann es zu uns gekommen ist.
Wir wissen aber, dass die Anwesenheit
deines Bildes unseren Glauben stärkt.
Heilige Maria,
wir lieben und verehren dich ...
St. Marien Bruchhausen

tiefen, allerdings ohne großen Erfolg. In den 20er-Jahren des vergangenen Jahrhunderts griff Pfarrer Eduard Droll den Wallfahrtsgedanken erneut auf. Sein Plan war, eine spezielle Wallfahrtskirche in Bruchhausen zu errichten und damit gleichzeitig die notwendige Kirchenvergrößerung durch einen Neubau durchführen. Er schaffte es nicht. Trotzdem gelang es der Gemeinde, die Kapelle zu einer echten Kirche auszubauen und auch den notwendigen Platz für das Gnadenbild zu schaffen. Am 9. Juli 1937 ist in der Gemeindechronik verzeichnet, dass Pfarrer Hagemann in der Pfarrkirche St. Marien einen eigenen Gnadenaltar hatte errichten lassen, in dessen Mittelpunkt die Marienskulptur steht. Der Altar wurde von dem Bruchhauser Schreinermeister Clemens Rode für 1065 Reichsmark gefertigt, für die „Vermalung" war, wie bei den anderen Altären des Gotteshauses, der Brakeler Maler Schünemann zuständig, der 160 Reichsmark dafür berechnete.

„Der Hochwürdigste Herr Erzbischof weilte zur Spendung der hl. Firmung hier und hat auch unsere Kirche feierlich konsekriert", ist in der Kirchenchronik nachzulesen.

An diesem unvergesslichen Tag der kleinen Gemeinde schickte der Himmel auch die Sonne zum Gratulieren nach Bruchhausen. Dass am folgenden Tag ein Sturm über das Dorf brauste und eine der alten Linden auf dem Kirchplatz einfach umwehte, nahmen die Bruchhauser Christen gelassen hin: Der mächtige Baum fiel so, dass das Gotteshaus nicht beschädigt wurde ...

Das Marien-Jahr 1954 bringt einen spürbaren Aufschwung an Wallfahrern: Durch die Entdeckung einer Heilquelle qualifiziert sich Bruchhausen zu einem Kur- und Badeort und die Kurgäste kommen an der Marienverehrung in dem neuen Kurort nicht vorbei. Denn ein gutes Einvernehmen mit einer höheren Macht fördert besonders die Genesung, können sie erfahren.

Wenn die Kurgäste die Dorfkirche besuchen und hier beten, wachen an den Kirchenwänden die Heiligen Elisabeth und auch Antonius von Padua über ihrer stillen Andacht.

1955 wurde das Gnadenbild restauriert, Landeskonservator Dr. Rensing aus Münster nahm die Arbeit selbst in die Hand. Über die Arbeiten in den Jahren ab 1974 ist nicht viel bekannt. Der Gnadenaltar wurde aus- und

wieder eingebaut und 1989 wieder an vertrauter Stelle in der Kirche errichtet. In den Altar wurde ein Tresor aus Panzerglas eingebaut, so dass das Gnadenbild geschützt und sicher für jedermann sichtbar verehrt werden kann.

Die Gemeinde ist bemüht, die in der Vergangenheit durchgeführten Wallfahrten und Prozessionen neu zu beleben. Besonders im Marien-Monat Mai soll in jeder Woche eine besondere Andacht mit Prozession stattfinden, auch die Kräuterweihe zu Mariä Himmelfaht soll wieder einen festen Platz im kirchlichen Dorfleben bekommen wie die Wallfahrt, die regelmäßig am Samstag nach dem Tag des heiligen Laurentius, dem Patron der Dorfes Bruchhausen, gegangen wird. Und die Lichterprozession im Oktober soll auch wieder das Gemeindeleben bereichern.

Fotos:
a. Die Wallfahrskirche
   Mariä Heimsuchung.
b. Der Hochaltar.
c. Die „alte" hölzerne Marienskulptur.
d. Das Bruchhauser Gnadenbild.

Reichsabtei Corvey
Höxter

Die ehemalige Reichsabtei und Residenz Corvey gehört zu den bedeutendsten Kulturstätten des christlichen Abendlandes. Seit rund zwölf Jahrhunderten wird an diesem Ort, der schon kurz nach seiner Gründung „das Wunder Sachsens und des Erdkreises" genannt wurde, gebetet. Hier wurde gebaut und gearbeitet, denn hier wurden Kunstwerke geschaffen und wertvolle Bücher geschrieben und gesammelt.

Die Geschichte Corveys geht auf das Jahr 815 zurück, als vom Kloster Corbie an der Sommes die Gründung einer kleinen Benediktinermönchszelle in Hethis zur Missionierung Sachsens gegründet wurde. Sieben Jahre später wurde die Mönchszelle an die Weser bei Höxter verlegt. König Ludwig der Fromme verleiht 823 dem Kloster die Immunität, drei Jahre danach wird das Kloster selbstständig. Erster Abt ist ein Vetter Karls des Großen, Adalhard von Corbie. Ein Mann der ersten Stunde ist aber auch Mönch Ansgar, der ab 823 die Klosterschule leitet. Er wird später ein sehr bedeutender Missionar Nordeuropas und Erzbischof von Hamburg und Bremen. Seiner gedenkt die Corveyer Gemeinde jedes Jahr am 3. Februar bzw. am darauf folgenden Sonntag mit einer ökumenischen Ansgar-Vesper.

833 erhält das Kloster das Münzrecht und drei Jahre später gelangen die Gebeine des Heiligen Vitus (siehe besonderes Kapitel) von St. Denis bei Paris nach Corvey, die später nach Prag gelangten; ihnen ist der dortige Veitsdom errichtet worden. Der erste Bischof von Prag war der Corveyer Mönch Thietmar. Acht Jahre später wird in Corvey der erste Kirchbau fertiggestellt. 873 datiert der Baubeginn des „Westwerks" (fertiggestellt als Dreiturmanlage 885). 916 leben im Kloster 65 Mönche.

Die Reihe bedeutender Persönlichkeiten, die sich mühelos fortsetzen lässt, hat einen überlieferten Höhepunkt: Corvey ist die spirituelle Heimat des ersten deutschen Papstes Gregor V., der als Nachfolger von Johannes IV. in die Kirchengeschichte eingegangen ist. Er hatte das Amt von 996 bis 999 inne. Dann verstarb der Urenkel von Otto dem Großen im Alter von nur 27 Jahren. Vor seiner kirchlichen Karriere hatte er als Klosterbruder Bruno von Kärnten in Corvey gebetet.

Im 12. Jahrhundert gelangt Corvey zu geistiger und wirschaftlicher Blüte.

Im Umfeld entstanden weitere, später wüst gefallene Klöster, wie die Propstei „Tom Roden" und das Paulus-Stift „Niggenkerken"

c

d

e

von 863 im Bereich der historischen Stadt Corvey. Stift und Stadt wurden nach langen Auseinandersetzungen 1265 von einer Koalition der Nachbarstadt Höxter, des Grafen von Schwalenberg und des Paderborner Bischofs geschleift.

Corvey verfügt über einen großartigen Reliquienschatz, darunter Gebeine des Erzmärtyrers Stephanus, ein Geschenk des Kaisers Ludwig aus der Gründungszeit, sowie des heiligen Apostels Bartholomäus, aber auch des „fränkischen Reichsheiligen" St. Martin und zahlreicher Märtyrer. Auch dadurch wurde Corvey zu einem berühmten Pilgerziel.

Unter Abt Wibald besuchen Konrad III. und vermutlich auch Friedrich Barbarossa als Herrscher das Kloster. Insgesamt sind über 100 Kaiser- und Königsbesuche in der Corveyer Chronik verzeichnet. Im 13. Jahrhundert steigen die Corvey-Äbte in den Reichsfürstenstand und erlangen Landeshoheit über die rundum gelegenen Güter.

Als 1533 die Reformation Höxter erreicht, bleiben die Abtei und die meisten der umliegenden Dörfer katholisch.

Im Dreißigjährigen Krieg nehmen das Kloster und die Stadt sehr schweren Schaden. Das verfallene karolingische Kloster wird durch den barocken Neubau ersetzt. Vom alten Kloster bleibt außer einigen Fundamenten nur das heute weltberühmte karolingische Westwerk erhalten.

1792 wird die Abtei von Papst Pius VI. zum Sitz des Fürstbischofs erhoben. 1803 werden im Rahmen der Säkularisation die Abtei und auch das Bistum aufgelöst. Die Abteikirche St. Stephanus und Vitus ist heute als „Hohe Domkirche" eine Pfarrkirche.

Soweit der kurze Geschichtsrückblick.

2012 hat das Land NRW die ehemalige Reichsabtei Corvey bei der UNESCO in Paris zur Aufnahme als Weltkulturerbe angemeldet, als Begründung sind die geschichtliche Bedeutung und die Entwicklung Europas, die von Corvey ausging, angeführt. Im Juni 2014 wurde das karolingische Westwerk und das Bodendenkmal „Civitas Corvey" im Klosterbezirk bei der Sitzung der UNESCO-Welterbekommission in Doha/Katar in die Liste der bedeutendsten Stätten des kulturellen Erbes der Menschheit eingeschrieben. Der Status Corveys als Wallfahrtsort wirkt bis in die heutige Zeit. Wallfahrten, die einem Prunkfestzug gleichen, gehörten in der ehemaligen Reichsabtei fast zum Alltag. Davon hat sich das Vitusfest am 15. Juni oder dem nachfolgenden Sonntag erhalten und ist

Jahr für Jahr ein Höhepunkt des kirchlichen Lebens im Corveyer Land. Kaiser Heinrich II. besuchte 1019 das Corveyer Vitusfest mit großem Gefolge.

Wieviele Wallfahrer und Pilger Jahr für Jahr die ehemalige Reichsabtei mit ihren zahlreichen Reliquien aufsuchen, ist nirgendwo festgehalten. Fest steht, dass es Zehntausende sind, die in dem prachtvollen Gotteshaus beten und ihre Sorgen und Nöte Gott anvertrauen. Neue Pilgerwege sind der „Weg der Stille" und der ökumenische biblische Weinpfad (beide seit 2013). Und auch der erste „Westfälische Weg der Jakobspilger" (eingerichtet 2011), beginnt unmittelbar vor der ehemaligen Reichsabtei, wo sich zahlreiche Gläubige ihren ersten Pilgerstempel auf dem Weg nach Santiago de Compostela in ihren Pilgerpass drücken lassen ...

Fotos:

a. Das Zentrum des Wallfahrtsortes: das Westwerk.

b. Historisches Buch auf dem Redepult.

c. Nur selten gewährt: Blick in die Reliquienkammer.

d. Christusstatue im Westwerk.

e. Beeindruckend: die Bilderwand mit Heiligen in der Kirche.

a

Willkommen am
heiligen Ort

b

Stahler Marienkapelle

Höxter-Stahle

Manch einer hat, wenn er dem kleinen, weithin sichtbaren Kirchlein auf dem Feldberg hoch über dem Wesertal entgegenstrebt, Ludwig Uhlands Zeile „Droben stehet die Kapelle", im Kopf.

1834 wurde sie errichtet als eine Andachtstätte zu Ehren der Gottesmutter Maria. Der eigentliche Grund war damals die maßlose Angst der Bevölkerung, von der im Land wütenden asiatischen Cholera erfasst und in den Tod getrieben zu werden. Es wurde ein feierliches Gelöbnis abgelegt für den Fall, dass das Dorf, das heute der östlichste Stadtteil von Höxter ist, verschont werde ... und Stahle blieb verschont.

Über dem Eingang steht heute noch unübersehbar die Jahreszahl 1834, seitlich davon weist eine Hinweistafel auf den geschichtlichen Hintergrund und das Gelöbnis hin.

Getreu ihrem Schwur wallfahren die Stahler Gläubigen jedes Jahr am Sonntag nach Mariä Heimsuchung „geschlossen" zu ihrer Kapelle.

Nach mündlicher Überlieferung wurden 1834 Steine, Mörtel und alle anderen zum Bau notwendigen Materialien von den Stahler Dorfbewohnern ohne Benutzung von Fuhrwerken den beschwerlichen steilen Weg hinauf auf den Berg gebracht. Die Steine stammten, so wird vermutet, aus der Steinkuhle am Berghang, aus der Anfang der 50er Jahre die heutige Feldberg–Freilichtbühne geworden ist. Zahlreiche Handwerker, die den Bau bewerkstelligten, sind namentlich neben Pfarrer Isidor Schaefer „aktenkundig", der nicht ruhte und rastete, bis der Kapellenbau vollendet war.

Nach einer Zusammenstellung, die nach dem Tod des Pastors in seinem Nachlass gefunden wurde, hat die Kapelle wegen der tatkräftigen Selbsthilfe der Stahler Bürger „nur 100 Thaler" gekostet.

Auch die Aufzeichnungen von Pfarrer Anton Wiedemeyer, Pastor in Stahle von 1835 bis 1878, beschreiben die Zeit vor und nach dem Kapellenbau anschaulich: „Unser Dorf gelobte zu Ehren der Mutter Gottes eine Kapelle zu bauen, wenn sie vor der Cholera vorbeikäme". Maria erhörte die Gebete der Stahler, die von vielen Seiten beim Kapellenbau unterstützt wurden. Sogar „Seine Durchlauchten Landgraf von Hehsen Rothenburg zu Corvey hatte das nötige Holz geschenkt", schrieb Pfarrer Wiedemeyer weiter.

„Am 4. Juli, an welchem Tage in diesem Jahr das Fest der Mariä Heimsuchung ein–

fiel, gingen wir nach der Kapelle auf dem Feldberge mit dem Hochwürden. Es war eine gute Prozession, wo die Predigt gehalten, die Mutter-Gottes-Litanei gebetet und die passenden Gesänge zum Sakrament und zu Ehren Marias gesungen wurden", heisst es weiter in einem Augenzeugenbericht.

1897 wurde dann die ursprüngliche Kapelle erweitert, neugestaltet und mit einem Vorbau versehen. In den Jahren 1954/55 musste die Andachtstätte erneut vollständig überarbeitet werden: Der Holzbock hatte dem tragenden Gebälk arg zugesetzt. Nur die Außenmauern blieben stehen, Kosten in Höhe von 8340 Mark fielen an. Aber die Stahler bewiesen sich als sehr spendenfreudig. Und das nicht ohne Grund: In den Kriegsjahren zwischen 1939 und 1945 zogen die Stahler Frauen und Mütter immer wieder zu „ihrer Kapelle" den Berg hinauf, um für ihre Männer und Söhne im Krieg zu beten, so inbrünstig, wie es wohl nur in schlimmen Zeiten passiert.

Auf der kleinen Bank vor der kleinen Kirche kommen dem Wallfahrer unwillkürlich die Gedanken von Papst Johannes Paul II. in den Sinn, die er einmal an einer ähnlichen auf einem Berg gelegenen Wallfahrtskirche äußerte: „Hier ist ein Ort, wo der Mensch sich in besonderer Weise Gott öffnet, ein Ort, wo man fern von allem, aber gleichzeitig der Natur nahe, vertrauensvoll mit Gott selbst spricht. Man hört im Innersten das, was man die persönliche Berufung des Menschen nennt. Und der Mensch muss seinem Schöpfer und Erlöser Gott die Ehre geben. Er muss in irgendeiner Weise zur Stimme der ganzen Schöpfung werden, um in ihrem Namen ‚Magnificat' zu sprechen. Er muss die Großtaten Gottes verkünden ...". Trefflicher kann die besondere Atmoshäre auf dem Feldberg wohl nicht beschrieben werden ...

In der Nacht zum 8. August 1969 stahlen Einbrecher die barocke Altarstatue „Madonna mit Kind". In St. Gilgen erstanden die Stahler eine neue eigens für ihre Kapelle geschnitzte Figur, die jetzt die Nische des Barockaltars ausfüllt. Beeindruckend sind auch die anderen Werke innerhalb des kleinen Gotteshauses. Fast erschütternd ist das Kreuzigungsgemälde, das 1955 von Fachleuten aus Corvey fachmännisch restauriert wurde. Weiterhin beeindrucken die Statuen des heiligen Antonius (mit Jesusknaben) und des heiligen Nepomuk. Aus dem Jahr 1914 stammt das Bild von der „Immerwährenden Hilfe", das naturgetreu nach der weltbekannten byzantinischen Madonna gemalt wurde.

In der idyllisch gelegenen Gebetsstätte befindet sich eine Kreuzweggestaltung, die von Friedel Brackmann aus Stahle modern, aber sehr eindringlich angelegt wurde.

Die großen Bildfenster der Kapelle zeigen schlicht biblische Motive: Auf den beiden hinteren ist Mutter Anna mit dem Kind Maria sowie Maria mit ihrer Base Elisabeth als „Heimsuchungsdarstellung" zu sehen.

1979 weihte Deachant Schürmeyer am Tage Mariä Himmelfahrt den Marienbildstock unterhalb der Kapelle an der Weggabelung und zelebrierte anschließend vor dem kleinen Gotteshaus eine heilige Messe. Seitdem gibt es auf der Anhöhe jedes Jahr an diesem Tag einen Gedenkgottesdienst.

Regelmäßige Wallfahrten hierher auf den Feldberg stehen in erster Linie im Marienmonat Mai an: Nicht nur die Stahler Gläubigen und die Albaxer Frauen der kfd beten hier zur Mutter Gottes, auch Busse bringen die Gläubigen aus der näheren Umgebung hierher und sogar aus Paderborn reisen die Wallfahrer an. Die Holzmindener aus dem benachbarten Niedersachsen, die die Kapelle von ihrem Ort aus sehen können, nennen den Stahler Feldberg nur „Kapellenberg".

Im Cholerajahr 1834 gelobten die Stahler, diese Marienkapelle zu errichten und jährlich zu Mariä Heimsuchung eine Dankprozession durchzuführen.

Die Gemeinde blieb von der Cholera verschont. Sie hielt freudig ihr Versprechen.

Auch uns bindet „Das Gelöbnis".

C

Der Stahler Heinz Mönkemeyer, der sich lange Jahre um die Kapelle gekümmert hat, hat ihr sogar ein Gedicht gewidmet. Hier die mit Ehrfurcht und Liebe zu Papier gebrachten Zeilen:

In grünen Gipfeln, fast versteckt,
der Schiefer, grau, das Türmchen deckt.
Weit leuchtet das Gemäuer weiss –
und wieder tönt es talwärts, leis –
O altvertrauter Glockenton!
Noch wacht die Mutter mit dem Sohn!
St. Nepomuk, Antonius
entbieten ihren stillen Gruß.
Durchs Fenster flutet warm das Licht.
Gesang! Wie's durch die Stille bricht!
Aus Wipfeln hoch ein Rauschen fällt.
Ein Kreuz ward vor das Tor gestellt.
Den Kreuzweg, schwarz auf weisser Wand,
geschaffen hat ihn Künstlerhand.
Ein uralt Bildnis – sag, woher? –
hängt düster dort im Rahmen schwer.
O Kreuzesbild, erschauernd tief –
in welcher Not der Heiland rief!
Für jede Not, für jedes Leid:
Es ist kein Weg nach hier zu weit!

Fotos:

a. „Droben stehet die Kapelle": Seit 1834 ist die Stahler Marienkapelle das Ziel der Wallfahrer.

b. Vor Gebeten werden Kerzen in dem kleinen Fenster neben der Pforte entzündet.

c. Gedenktafel zur Geschichte der Kapelle.

Mariä Heimsuchung
Kleinenberg

Wo andere Orte ihre Besucher mit Hinweisen auf „Hanse"-Vergangenheit begrüßen, verrät Klainenberg fast bescheiden, dass es seit Jahrhunderten ein Marien-Wallfahrtsort ist. Seit 1975 ist das 1400-Seelendorf zusammen mit 14 anderen Dörfern ein Stück von der neuen Stadt Lichtenau, aber ein Wallfahrtsort ist das Dörfchen geblieben, das 1997 sogar als „Kulturmusterdorf in Ostwestfalen" ausgezeichnet wurde. Es zählt zu den ältesten Marien-Wallfahrtsorten Westfalens und in seiner über 250 Jahre alten barocken Wallfahrtskirche wird das wunder

tätige gotische Gnadenbild der Gottesmutter als „Auxiliatrix de monte" (Helferin vom Berge) von Wallfahrern und Pilgern verehrt. Den Hauptaufschwung zur Verehrung der Gottesmutter und des Gnadenbildes erfuhr Kleinenberg nach heute noch vorhandenen Quellen im 18. Jahrhundert vor allem durch den umsichtigen Pfarrer Heinrich Winnimar Leifferen, dessen Hauptanliegen die Marienwallfahrt war. In die Verehrung Marias hatte er sein ganzes priesterliches Leben gestellt. Dass die Pfarrgemeinde Kleinenberg ihm zum Dorfjubiläum im Jahr 1999, als das

750-jährige Bestehen gefeiert wurde, neben der Wallfahrtskirche zur Erinnerung ein Denkmal setzte, ist ein später aber verdienter Dank. In seinen Aufzeichnungen hat der Priester, der 59 lange Jahre in Kleinenberg wirkte, nicht nur über das Zeitgeschehen, sondern auch über wunderbare Heilungen an diesem Ort berichtet.

Um 1742 ist die Wallfahrtskirche Maria Heimsuchung errichtet worden, drei weitere standen bereits vorher an dieser Stelle. 1758 wurde der Bau mit der Errichtung des überdachten Westportals, das die Kirche vor

c

d

e

Schlagregen schützt, in Sandstein vollendet. Heute steht der mindestens 4. Bau des Rietberger Barockbaumeisters Franz Christoph Nagel aus Paderborn an dieser Stelle.

Der nur innen sichtbare kuppelförmige Aufbau über dem Kirchenschiff besticht durch alte Malerei. Im Zentrum der kleinen Kirche befindet sich das eigentliche Gnadenbild, eine 35 Zentimeter hohe und aus der Spätgotik stammende Marienfigur, die auf einem Drehtabernakel steht. Auf dem linken Arm sitzt das Jesuskind. Früher haben, so ist auf alten Abbildungen zu sehen, Engel den beiden Kronen aufgesetzt. Vor diesem Gnadenbild knien Wallfahrer und Pilger besonders im Marienmonat Mai und beten jeden Tag.

Die Hauptwallfahrtsfeste in Kleinenberg sind Maria Heimsuchung (2. Juli) und Mariä Geburt (9. September), die jeweils an den darauf folgenden Wochenenden gefeiert werden. Bei dem Wallfahrtsfest im September steht am Samstag eine Lichterprozession vom Muttergottes-Brunnen zur Wallfahrtskirche auf dem Programm. Das weitläufige Wallfahrtsgelände rund um die Kirche erstreckt sich über die Kreuzwegallee und den Rosenkranzweg zum Brunnen mit der Lourdes-

Grotte, einem Heiligenhäuschen mit Pieta und Quellwasser aus einem Taufstein aus dem Jahr 1678, der aus einem Sumpf geborgen wurde. Hier schöpfen Pilger und Wallfahrer nicht nur Wasser, sondern auch sehr viel Kraft und Hoffnung.

Seit einigen Jahren treffen sich eine Woche nach "Mariä Geburt" die Teilnehmer der österlichen Pilgerfahrt nach Lourdes zum Nachtreffen im Herbst in Kleinenberg.

Denn die Kleinenberger Wallfahrtskirche „Mariä Heimsuchung" ist ein kulturelles und religiöses Juwel im Paderborner Land. Das Gnadenbild der „Helferin vom Berge" verleiht dem kleinen Gotteshaus ein ganz persönliches Fluidum, das zwar nicht mit dem der Barockkirchen im Freistaat Bayern konkurrieren kann, aber auf seine Art unvergesslich ist.

Die Kreuzwegallee – der Kreuzweg war 1728 als „Allee mit sieben Fußfällen" errichtet worden und musste mehrfach restauriert werden – verläuft vom Hauptportal der Wallfahrtskirche bergan zu der etwa 350 Meter entfernten Kreuzigungsgruppe „Hohes Kreuz", das seit den 20er-Jahren des vergangenen Jahrhunderts imposant am Weg steht. Zum Muttergottes-Brunnen müssen die Wallfahrer die Straße überqueren und 300 Mater auf der Brunnenallee und dem Rosenkranzweg gehen. Pilger ohne Rosenkranzerfahrung können hierzu eine Broschüre zu Hilfe nehmen, die in der Wall-

fahrtskirche ausliegt.

Der Rosenkranzweg ist nicht nur eine spirituelle Kostbarkeit, von hier aus genießen Wallfahrer und Pilger auch einen herrlichen Panoramablick über die Kleinenberger Berglandschaft.

Dass sich über dem Westportal der Wallfahrtskirche ein Kreuz mit der Aufschrift „Ich hebe meine Augen auf zu den Bergen, von welchen mir Hilfe kommt" ist sicherlich kein Zufall. Denn Wallfahrer und Pilger beten gemeinsam mit den Psalmisten zu ihrem Vater im Himmel: „Sende Dein Licht und Deine Wahrheit, damit sie mich leiten; sie sollen mich führen zu Deinem heiligen Berg und zu Deiner Wohnung". So steht es zumindest in dem Kleinenberger Pilgerbüchlein …

Wallfahrer, die Kleinenberg ansteuern, sollten es aber nicht versäumen, auch die etwa 300 Meter oberhalb im Dorf liegende Pfarrkirche zu besuchen, deren Ausstattung ebenfalls sehenswert ist.

Fotos:

a. Die Kleinenberger Wallfahrtskapelle.

b. Der Hochaltar in der Wallfahrtskapelle.

c. Maria mit dem Kind, die „Helferin vom Berge".

d. Das eigenwillige, etwas andere Ortseingangsschild.

e. Die Kleinenberger Pfarrkirche.

Mariä Heimsuchung
Kohlhagen

Die Wallfahrtsspuren der Kirche Mariä Heimsuchung in dem Flecken Kohlhagen bei Kirchhundem reichen zurück bis ins 15. Jahrhundert. In einer Chronik ist von "einer um 1490 gestifteten Vikarie" die Rede für die „Kirche Unserer Lieben Frau Auf Dem Berge". Diese „Kirche" war damals aber nur eine kleine Kapelle. Mehr als zwei Jahrhunderte hat das einsam gelegene kleine Gotteshaus, das durch dichten Wald von dem nächsten Dorf Brachthausen getrennt ist, seinen Platz behaupten können. Auf dicken Grundmauern errichtet, war es wie eine Trutzburg, die aber angesichts der wachsenden Zahlen der Pilger im Laufe der Jahre zu klein wurde. 1703 wurde mit einem Neubau begonnen, fünf Jahre später konnte Bischof von Veyder von Köln die neue einschiffige Wallfahrts-

kirche als Saalkirche weihen und der Strom der Gläubigen ergoss sich erneut in das vom Barock geprägte neue Gotteshaus im Wald, das in 500 Meter Höhe dem Himmel ein gutes Stück näher liegt...

Es ist sicherlich kein Versehen oder Zufall, dass die Wege, die zur Kohlhagener Wallfahrtskirche führen, sternförmig auf diese zulaufen. Es ist vielmehr ein deutliches Symbol dafür, dass gläubige Wallfahrer aus allen Himmelsrichtungen zu „Mariä Heimsuchung" kommen.

Äußerlich hat die schlichte Wallfahrtskirche nichts besonderes, aber ihr Inneres beeindruckt den Gläubigen sofort: Das Kohlhagener Vesperbild, als Gnadenbild, steht vom Eingang aus gesehen im linken Seitenaltar und stammt vermutlich aus der Spätgotik. Es

ist ein Bild für die schmerzbeladene Menschheit. Die Ausstattung der Kirche stammt von der sauerländischen Künstlerfamilie Sasse aus Attendorn, die durch die geistige Vorgabe des damaligen Pfarrers Paulus Leyemann mit ihrem Werk dem Kirchsaal barocken Glanz und Ausdruck verliehen und damit der Würde und dem Anspruch einer Wallfahrtskirche gerecht wurde. Die Nachbildung des himmlischen Jerusalems gelang vortrefflich.

Hier hatte damals schon auch der arme Wallfahrer Zutritt, um einen Blick in einen „vorweggenommenen Himmel" zu werfen, der ihm „Gerechtigkeit und göttlichen Reichtum versprechen und garantieren sollte", wie es in einem alten Wallfahrtsbüchlein heißt.

c

d

e

Die historische Orgel, die 1745 in der Kirche eingebaut wurde, stammt wahrscheinlich aus der Werkstatt von Johann Heinrich Kleine aus dem Kirchspiel Eckenhagen.

Mutter Maria, wie sie als Gnadenbild den Wallfahrer empfängt, steht für alle, die vom Schmerz überwältigt werden: Sie sah ihren Sohn am Kreuz sterben und hat trotzdem nicht verzagt. In ihrem Ausdruck ist alles Leid und aller Schmerz der Welt gesammelt und von dem Künstler dargestellt: „Angst und Jammer, Qual und Bangen, alles Leid hielt sie umfangen, das nur je ein Herz durchdrang", heißt es in einem Marien-Wallfahrtslied.

Der Blick des Beters geht weiter auf Jesus, er ruht in den Armen seiner Mutter, der das Herz gebrochen ist. Aber: In ihrem Blick und auf ihrem Gesicht liegen Schmerz und Trost zugleich. „Es scheint, als wolle sie den Beter schon auf Ostern hinweisen, und damit auf die Überwindung aller Schmerzen", drück-

te ein Wallfahrer sein Empfinden gegenüber den drei betagten Nonnen aus, die im ehemaligen Küsterhaus neben der Kirche ihren Lebensabend verbringen.

Die Kohlhagener Pietà erinnert auch an die durch Krankheit und Alter gezeichneten Menschen, an die durch Hunger Leidenden und Sterbenden. Sie fordert den Beter auf, sich an den Leiden der anderen spirituell zu beteiligen und so zur Linderung beizutragen. „Sie bittet förmlich um Hilfsbereitschaft und Mitgefühl", drückt es ergriffen eine Wallfahrerin aus, die regelmäßig am Fest „Mariä Heimsuchung" (2. Juli) in die Wallfahrtskirche im Wald kommt und inbrünstig singt: „Drücke deines Sohnes Wunden, wie du selber sie empfunden, heilige Mutter, in mein Herz" ...

Nicht nur an hohen Festtagen wie Himmelfahrt, Ostern oder Pfingsten strömen Pilger und Wallfahrer in das Gotteshaus von Kohlhagen: Die Wallfahrtskirche hat das ganze

Jahr über Saison. Und schon längst haben es die drei Ordensschwestern aufgegeben, die Zahl der Kirchenbesucher, die allein oder in kleinen und großen Gruppen kommen, zu zählen. „Die Pilgerzahlen sind mittlerweile fünfstellig, bei 30 000 haben wir aufgehört zu zählen, nicht, weil wir es nicht können, sondern weil es langweilig wird. Und wir die Zeit lieber nutzen, um in uns zu gehen, zu meditieren oder zu beten", lächeln die betagten Damen und freuen sich trotzdem, wenn sich eine Wallfahrtsgruppe auf einem der Zuwege „ihrer" Kirche nähert ...

Fotos:
a. 500 Meter dem Himmel näher: die Kohlhagener Wallfahrtskirche.
b. Das „Innenleben" des Gotteshauses.
c. Ein prächtiger Nebenaltar.
d. Die Strahlenmadonna mit Engeln.
e. Vor dem Beten werden Kerzen entzündet.

Abteikirche
Marienmünster

Sie sind nicht zu übersehen, schon aus weiter Ferne zeigen die beiden mächtigen Türme Wallfahrern und Pilgern, wo die Abteikirche Marienmünster steht: einsam am Fuße einer Waldhöhe genau an der Grenze des alten Paderborner Hochstifts zum Corveyer und Lipper Land. Seit Jahrhunderten stehen sie hier, die aus Bruchsteinen gemauerten Wegweiser zu der altehrwürdigen Benediktiner Abtei.

Graf Widukind II. von Schwalenberg und seine Gattin Luttrud hatten im zwölften Jahrhundert das Kloster auf Anregung des Paderborner Bischofs Bernhard I. von Oesede, einem nahen Verwandten, gestiftet.

Am 15. August 1128, dem Fest der leiblichen Aufnahme Marias in den Himmel, weihte Bischof Bernhard I. in Anwesenheit der Bischöfe von Münster und Osnabrück sowie der Äbte von Corvey und Paderborn, des Grafen Widukind und der Edlen Bernhard und Hermann zur Lippe das Kloster und die dazu gehörende Kirche ein. Das Gotteshaus wurde der heiligen Jungfrau Maria, dem heiligen Apostel Jakobus d. Ä. und dem heiligen Christopherus geweiht. 12 Mönche aus der im Jahr 822 gegründeten Benediktinerabtei Corvey bei Höxter übernahmen anschließend die neue Klosterdependance.

Höhepunkte von der Blüte bis zum schmerzhaften Niedergang zu Beginn des 19. Jahrhunderts prägen die Geschichte des Klosters in den Folgejahren. Der 30jährige Krieg bringt großes Leid, die Säkularisation aber noch größeres. Ende des 30jährigen Krieges liegen Kirche und Kloster größtenteils in Trümmern. Abt Ambrosius Langen lässt 1669 die Abtei, die Kirche und die Wirtschaftsgebäude neu errichten. Baumeister Ludwig Baer aus Lügde baut die ursprünglich romanische Kirche zur Hallenkirche aus, errichtet einen neuen Chor, stockt 1679 den Vierungsturm auf und tritt 1690 selbst als Novize in die klösterliche Gemeinschaft ein, wo er seinen Lebensabend verbringt. In den Jahren 1745/46 erhalten die beiden Türme des Westwerkes mit „barocken Helmen" ihr jetziges Aussehen, die „Welschen Hauben".

Rund 60 Jahre später verlassen die Mönche am 31. März 1803 das Kloster. Der Besitz bis auf die Kirche, den Friedhof und den Nordostflügel fallen dem Königreich Preußen zu. Die ehemalige Klosterkirche bleibt als Pfarrkirche für die umliegenden Dörfer erhalten. Seit 1967 betreuen Passionspatres (Kongregation der unbeschuhten Kleriker des heiligsten Kreuzes und Leidens unseres Herrn

c

d

Jesus Christus) aus den Niederlanden die Abteikirche. Damals wurden vier Patres mit der Pfarrseelsorge für die Pfarreien Marienmünster, Vörden und Altenbergen betraut. Neues klösterliches Leben war damit auch in den historischen Mauern wieder lebendig geworden.

Ziel der zahlreichen Wallfahrten und Prozessionen an diesem besonderen Ort ist vor allem das Vesperbild, die frühgotische Pieta, bei der es sich allerdings um eine Nachbildung handelt. Das Original steht heute im Paderborner Museum.

Ins Auge fällt den Pilgern und Wallfahrern beim Betreten der Kirche vor allem auch das Seitenaltarbild mit der Verkündigung des Erzengels Gabriel an Maria. Auch die Apostelfiguren an den Pfeilern, geschaffen von dem Paderborner Bildhauer Pütt aus dem Jahr 1734, sind Blickfänge. Sie stellen neben dem heiligen Joseph auch Johannes Nepomuk dar. Das spätgotische Vesperbild sowie die Skulptur von Mutter Anna mit Maria ziehen ebenfalls die Blicke auf sich, wie auch die romanische Dämonenfratze in der südlichen Wand der Westtürme.

Zu den profanen Schmuckstücken der ehemaligen Abteikirche gehört an erster Stelle die 2012 mit großen Aufwand restaurierte und feierlich eingeweihte Orgel, gebaut von dem weltbekannten Lippstädter Meister Johann Patroklus Möller aus dem Jahr 1738. Die vorherige Orgel war für 200 Taler an die von einem Marienmünsterschen Propst betreute Benediktinerinnenabtei Gehrden veräußert worden, wo sie heute noch ihren Dienst tut.

Das frühere Klostergelände ist heute privatisiert: Eine Hälfte gehört einem evangelischen Landwirt, der es bestimmungsgemäß nutzt, die andere Hälfte einer „katholischen Erbengemeinschaft", die früher hier ein Kinderheim unterhielt. Jetzt ist hier eine Kulturstiftung beheimatet, die drei ehemalige Scheunen zu einem Musikzentrum umgebaut hat: Für Konzerte, für Aufnahmen und als Konzertsaal.

Im Jahr 1992 wurde zum Fest des heiligen Paul von der Kirche aus ein Kreuzweg mit 15 Stationen eingeweiht, errichtet von Schülern der Fachschule für Baudenkmalpflege und Altbauerhaltung in Detmold. Die Bilder sind Arbeiten der Benediktinerschwestern aus dem Kloster Herstelle. Das Besondere an diesem Weg, das ihn von „normalen Kreuzwegen" unterscheidet, ist die 15. Station, die durch das Bild der Auferstehung dem Beter deutlich machen soll, dass mit der Grablegung nicht alles zu Ende ist, sondern ein neuer Anfang beginnt.

Der Kreuzweg führt zu einem im Jahre 1985 geschaffenen Wallfahrtsziel außerhalb der Klostermauern: Die „Mutter der Heiligen Hoffnung" steht nahe der 7. Kreuzwegstation in einer alten Mergelkuhle, rund 600 Meter von der ehemaligen Abtei entfernt. Die Statue ist 2,10 Meter hoch, von dem Herzebrocker Bildhauer Bernhard Vielstädte aus Thulster Muschelkalk geschaffen. Sie ist öffentlich zugänglich. Die „Mutter der heiligen Hoffnung" ist die Patronin der niederländischen Ordensprovinz der Passionisten, eine Stätte, um ungestört in sich zu gehen ...

„Marienmünster ist ein Wallfahrtsort für stille Beter", sagt Bruder Gerd, Sprecher der Passionspatres zufrieden lächelnd, die bis Ende August 2014 in der Abtei-Gemeinde wirkten. Sternwallfahrten stehen mehrmals im Jahr auf dem Kirchenprogramm, dazu Wallfahrten von Frauengemeinschaften aus dem Pfarrverbund im Mai und Oktober sowie die „Krautbund-Weihe", die am Fest von Maria Himmelfahrt nach dem Festhochamt alljährlich terminiert ist.

Die frühere Abteikirche wird auch oft von Brautpaaren aufgesucht. Rund 20 Paare, darunter viele von außerhalb, geben sich in dem historischen Gemäuer das Ja-Wort fürs Leben ...

Fotos:
a. Die mächtigen Türme zeigen von weitem den Wallfahrtsort.
b. Das barocke Innere der Abteikirche.
c. „Mutter der Heiligen Hoffnung", Nebenstation auf dem Kreuzweg.
d. Die Patroklus-Möller-Orgel.

Willkommen am heiligen Ort

Kreuzkapelle
Medebach

Zwei alte Kreuzwege führen auf den Berg „Auf dem Kahlen", auf dem 1717 von den Kreuzherren des Klosters Glindfeld eine Kapelle im barocken Stil erbaut wurde.

Zwei Kilometer westlich von Medebach erwartet das kleine Gotteshaus Wallfahrer und Pilger, die entweder vom ehemaligen Kloster in Glindfeld mit seiner gotischen Kirche oder von Medebach aus den gezeichneten Kreuzwegen auf den Berg folgen. 1910 war ein schwarzes Jahr für die beliebte Kapelle: Ein Blitz schlug am 3. Juli ein und das der Schmerzhaften Mutter geweihte kleine Gotteshaus brannte bis auf die Grundmauern nieder. Aber schon zwei Jahre später wurde sie von den Medebachern und Christen aus den umliegenden Ortschaften im neugotischen Stil neu errichtet und am 7. Juli 1912 durch Pfarrer Anton Ludolf feierlich eingeweiht. Bereits vorher wurde das kleine Gotteshaus auf dem Kahlen von allen „Kreuzkapelle " genannt, ein Name der zutreffender war. 1736 war die ursprüngliche Kapelle zur Wallfahrtskirche erhoben worden.

Der Bau ist kreuzförmig angelegt und setzt so auch baulich die von den Glindfelder Kreuzherren von jeher gepflegte Verehrung des Kreuzes Jesu fort. Dem Westgiebel, in dem sich das Portal befindet, ist ein schiefergedeckter Vorraum vorgelagert, der auf Holzstützen steht. An der Nord– und Südseite der Kapelle befinden sich dreiteilige, spitzbogige Fenster. Die Apsis an der Ostseite hat zwei kleine Fenster, auf dem mit Schieferplatten gedeckten Dach bietet ein Dachreiter mit jeweils zwei Schallöchern der Kapellenglocke Platz.

Bei großen Wallfahrten finden bis zu 2000 Gläubige auf dem Vorplatz rund um die Kapelle Platz. Davor auf der Kuppe des „Kahlen–Berges" vereinigen sich die beiden Kreuzwege nach 11 Stationen, die 12. Station ist die Kreuzigungsgruppe, und die Kahlenkapelle selbst bildet den letzten Höhepunkt vor dem Schluss beider Kreuzwege. Die 14. Station ist die kleine Grabkapelle, die an der Außenwand eine Inschrifttafel mit dem Namen des Stifters Hermann Becker, verstorben 1722, trägt.

c

d

Kunstexperten bewerten die Bildstöcke beider Kreuzwege als Höhepunkte der Kreuzweganlagen Westfalens in der Barockzeit. Denn hier ist es gläubigen Künstlern gelungen, Übernatürliches und Außersinnliches anschaulich zu gegenwärtigen und scheinbar Unfassliches „fassbar" zu machen, indem sich Natur, Kunst, Geist und Glaube zu verschmelzen scheinen, heisst es in einer zeitgenössischen Betrachtung.

Vor der Kapelle steht ein aus Sandstein errichteter Predigtstuhl mit drei interessanten Spruchplatten mit dem Glindfelder Kreuzherrenkreuz. Das Innere des kleinen Gotteshauses beeindruckt den Gläubigen spontan: Das Gewölbe ruht auf drei spitzbogigen Gurten, die von den Wandkonsolen aufsteigen. Zwischen ihnen befindet sich ein Kreuzgewölbe. Die Glasbilder, die die Kapellenfenster schmücken, wurden 1977 erneuert. Der Barockaltar aus Marmor, der bei dem Brand

1910 verschont wurde und im Ganzen erhalten geblieben ist, wird dem Giershagener Künstler Christoffel Papen zugeschrieben und stammt vermutlich aus dem Jahr 1720. Zwischen zwei gedrehten Säulen ist in der Mitte ein neueres Bild der Schmerzensmutter zu sehen, links davon der heilige Josef und rechts daneben der heilige Vitus sowie oben der auferstandene Christus. Insgesamt sieben Putten verzieren den Aufbau des Altars. Die Mensa war früher die Grabplatte des Priors Everhardus Brunhart, der 1653 verstarb.

Auf den Konsolen rechts und links des Altars sind die „Unbefleckte Empfängnis" und der heiligen Johannes Nepomuk dargestellt.

In zwei Wandnischen standen früher, so ist es in der Kapellenchronik nachzulesen, die heilige Agatha und die heilige Helena.

Zu Wallfahrten auf dem Kahlen treffen sich Gläubige vor allem am Karfreitag sowie am Fest Maria Heimsuchung (2. Juli). Aus-

gangspunkt für die Karfreitagsprozession ist die Medebacher Pfarrkirche. Nach dem Kreuzweg wird in der Kapelle der Segen mit dem Glindfelder Kreuzreliquiar erteilt.

Fotos:
a. Einsam auf Bergeshöhe: die Wallfahrtskapelle „Auf dem Kahlen".
b. Der Altaraufbau überstand unbeschadet das große Feuer im Jahr 1910.
c. Bitten und Bibelsprüche bezeugen die aktuellen Wallfahrten und Pilgerreisen auf den Berg.
d. Diese Kreuzgruppe steht vor der Kapelle.

Antoniuskapelle
Menden

Wenn ein katholischer Christ in Menden von der idyllischen Lage der Kreuzkapelle spricht und ein anderer von der Stille rund um die Antoniuskapelle schwärmt, dann meinen beide dasselbe Bauwerk: das malerisch gelegene kleine Gotteshaus auf dem Rodenberg. Am 4. Mai 1685 wurde der Grundstein für die „Kreuzkapelle auf dem Rodenberg zu Ehren der schmerzhaften Mutter Maria unter dem Schutz des Hl. Antonius" gelegt. Durch den Bau sollte die Kreuzverehrung in der sauerländischen Stadt manifestiert werden. Der äußere Anlass war jedoch nach der Überlieferung ein anderer: Die von der Kreuzfrömmigkeit stark geprägte Stadt hatte wechselnde und schwere Zeiten hinter sich. Hexenprozesse mit 77 Todesurteilen für Frauen und Männer waren ebenso unvergessen wie die Pestepedemien in den Jahren

1613 und 1632. Sie hatten die Bevölkerung schrumpfen lassen, und die Feuersbrünste 1637, 1652 und zu Ostern 1663 hatten stark gewütet. Dabei waren auch zwei Kapellen innerhalb der Stadtmauern (Barbara- und Hirtenkapelle) Opfer der Flammen geworden. Küster Johannes Braun von der katholischen Gemeinde war es, der eine Eingabe zur Errichtung einer Kapelle formulierte, die letztendlich zur Baugenehmigung führte. Der für das Jahr 1685 geplante Beginn des Kapellenbaus war es vermutlich auch, der den Bürgermeister und Richter Winimar Schmitmann und den Gerichtsschreiber der Stadt, Johannes Henricus Wulff, veranlassten, dem wohl schon älteren Brauch privater Kreuzwallfahrten zum Rodenberg einen besonderen und offiziellen Rahmen zu geben. So trugen in jenem Jahr diese beiden

Mendener Bürger ein Kreuz auf den „Kalvarienberg" außerhalb der Stadt zu dem Ort, an dem am 4. Mai 1685 der Grundstein für die neue Kapelle gelegt wurde – der Beginn der Mendener Kreuztrachten. Schon nach einem Jahr war der Rohbau fertig. Um 1690 wurden Verträge über die Anschaffung einer Orgel und einer ersten Glocke unterschrieben. 1705 wurde eine Kreuzgruppe außerhalb der Kapelle aufgestellt, die bildhaft unterstreichen soll, dass der Rodenberg eine Stätte der Kreuzverehrung ist.

Von 1685 datieren auch die sieben „Fußfälle" – Darstellungen von Jesu Leidensweg – auf dem Weg aus der Stadt, die den Wallfahrern die Richtung zur Kreuzkapelle weisen. Zurück in die Stadt geht es an Bildstöcken vorbei, die von einzelnen Mendener Familien gestiftet wurden und noch heute von der großen Glaubenstradition zeugen. Die Kapelle hatte für Pilger und Wallfahrer eine so starke Anziehungskraft, dass bereits ab 1710 – kurz nach der Weihe des Altarsteines –, Erweiterungen und Vergrößerungen vorgenommen werden müssen, die sich bis 1733 hinziehen. Die unterschiedlichen Bauabschnitte sind gut zu erkennen, bildet doch der ursprüngliche Kirchenbau den heutigen Chorraum, der in einem gewissen Gegensatz zum eher barock wirkenden Westteil mit Rundbogenfenstern aus dem 2. Bauabschnitt steht. Ein erneuter Orgelkauf, direkt aus der Klosterkirche in Werl, wurde am 19. Februar 1801 aktenkundig. Der 14-Stationen-Kreuzweg bei der Kapelle, der nach dem Willen des Stifters eigentlich die Fußfälle am Prozessionsweg ersetzen sollte, wurde am. 14. September 1866 feierlich eingeweiht.

Zwanzig Jahre später wird das Auffinden der Reliquien der heiligen Modesta mit einer entsprechenden Urkunde unter einem Seitenfenster der Kapelle in der Chronik festgehalten. 1898 wird wiederum eine neue Orgel angeschafft, die heute noch ihre Dienste tut. 1952 verzeichnet die Kapellenchronik die Restaurierung der Kreuzgruppe und des Baldachins darüber.

Die Jahre 1976 bis 1984 stehen ganz im Zeichen einer Großrenovierung des kleinen Gotteshauses auf dem Rodenberg, denn ein Jahr später wird das Jubiläum „300 Jahre Kreuzverehrung in Menden" gefeiert. Mit Gästen aus nah und fern und mit einer aufwändig gestalteten Festschrift, die verdeutlicht, dass Menden seit Jahrhunderten der Passionsfrömmigkeit einen hohen Rang eingeräumt hat und der Botschaft, dass Kreuzverehrung mehr ist als das Gedenken an die Kreuzigung, sondern gleichzeitig die Freude über die Auferstehung.

Beim Betreten der Kapelle sind heute in den Wandnischen des Chorraumes Figuren zu sehen, die die weinenden Frauen darstellen, die den toten Christus betrauern. An den Wänden der Kapelle finden sich außerdem Darstellungen des heiligen Antonius von Padua, des Schutzpatrons der Stadt Menden, der heiligen Lucia und der heiligen Ursula.

Neben der traditionellen Kreuztracht gehört die Wallfahrt am Pfingstsonntag, die auf das alte Fest der Kreuzauffindung zurückgeht, zu den wichtigen Ereignissen im kirchlichen Jahreslauf Mendens. Die Kartage beginnen für die Gläubigen am Gründonnerstag mit der Jugendprozession nach der Feier des letzten Abendmahls. Stündliche Prozessionen ab St. Vincenz zum Rodenberg schließen sich bis zum Morgen des Karsamstages an. Höhepunkt ist die Große Kreuztracht am Karfreitag um 9.00 Uhr. Am Antoniustag steht selbstverständlich auch eine Wallfahrt an und um den Magdalenentag ziehen Gläubige aus Bösperde zur Kreuzkapelle. Anlass zu dieser Wallfahrt war eine Viehseuche im Jahr 1683, die Kühe und Pferde hingerafft hatte. Durch diese Wallfahrt wollten die Dörfler die heilige Maria Magdalena bitten, die Bauernschaft künftig vor derartigen Katastrophen zu schützen.

Zumindest was die Tradition der Kreuztrachten angeht, lässt sich vermuten, dass die Prozession mitten durch die Kapelle und auch durch das Prozessionshäuschen am „Heiligen Grab" zog. „Sind wir nun mit Christus gestorben, so glauben wir, dass wir auch mit ihm leben werden." (Röm 6, 8) Diese Worte des Apostels Paulus wurden für die Gläubigen erfahrbar, wenn sie sich klein machen mussten, um die Figur des Leichnams Christi im Heiligen Grab sehen zu können, und sich anschließend wieder aufrichten konnten, wenn sie das Heiligenhäuschen wieder verließen.

Auch wenn die Ursprünge teilweise schon über 300 Jahre zurückliegen, so sind die Wallfahrtstraditionen – wenn auch dem Wandel der Zeit unterworfen – in Menden lebendig und lassen auch heute noch viele Menschen aus nah und fern erfahren, warum Christen – damals wie heute – in den Ruf einstimmen: „Im Kreuz ist Heil, im Kreuz ist Auferstehung, im Kreuz ist Leben!"

c

d

Fotos:

a. In einsamer Höhe auf dem Rodenberg steht die Mendener Kreuzkapelle.

b. Innen scheint die Kapelle größer zu sein als außen.

c. Der heilige Antonius von Padua thront über der Eingangstür.

d. Unter einem Baldachin empfängt die Kreuzgruppe die Wallfahrer.

St. Petri zu Hüsten
Oelinghausen

An ihrer Attraktivität als Wallfahrtsort haben das Kloster Oelinghausen und seine Kirche bis heute nichts eingebüßt. „Wallfahrtskirche in den Bergen des Sauerlandes" steht auf der Titelseite eines alten Kirchenführers, der die Sehenswürdigkeiten des Klosters in der Nähe von Neheim–Hüsten beschreibt.

„Unsere liebe Frau von Oelinghausen, Mutter Gottes aus dem Sauerland" nannten schon vor Jahrhunderten Pilger und Wallfahrer das Gnadenbild, dem andere den Namen „Maria, Königin des Sauerlandes" gaben.

Kloster und Kirche sind seit über 800 Jahren Stätten des Gebetes und der Besinnung. Kreuz– und Marienverehrung haben hier eine alte Tradition. Heute kommen viele tausend Besucher hierher, um Einkehr zu halten und Ruhe zu finden. Die tiefe Frömmigkeit der Klosterbewohner und der Bevölkerung hat über Kriege und Katastrophen hinweg, über die Umwandlung der Ordensgemeinschaft und die Säkularisation, in dem Klosterensemble einen Ort hinterlassen, der vom Barock ebenso geprägt ist wie von der Romanik.

Vom 29. Mai 1174 datiert die Urkunde, die Erzbischof Philipp von Köln bei der Gründung des Nonnenklosters unterzeichnete. Gestiftet wurde das Konvent von Sigenandus und Hartewigis von Basthausen, die beide, so vermutet man, in der heutigen Sakristei ihre letzte Ruhestätte fanden. Ordensschwestern (Prämonstratenserinnen), darunter auch die Schwester des Erzbischofs von Köln, be- wirtschafteten das Kloster. Ein Geschenk des Erzbischofs soll auch die Gnadenmadonna (Kölsche Madonna) in dem Gotteshaus sein.

1225 ehrte Papst Honorius III. Oelinghausen, indem er „persönlich und für die Kirche St. Petri den Ort, den Konvent der Schwestern und die sich dort dem Gottesdienst widmenden Menschen" unter seinen besonderen Schutz nahm.

Die Kölner Erzbischöfe statteten das Kloster mit großem Besitz aus. Im 15. und 16. Jahrhundert überstand das Kloster viele Krisen, die Pest hinterließ ihre Spuren und die Bindung der Klosterfrauen an ihre adelige Verwandtschaft und dadurch bedingtes – vom Papst zugelassenes – Sondervermögen, führten zu sittlichem Niedergang. Kriegerische

Auseinandersetzungen schädigten Oeling–hausen und seine Besitzungen schwer. Viele Nonnen retteten ihr Leben nur durch Flucht zu ihren Familien.

1585 übernahm Ottilia von Fürstenberg mit nur 36 Jahren die Leitung des Konvents, sie hinterließ sichtbare Spuren, indem sie die Klosterzucht straffte. Sie erreichte auch durch ein päpstliches Dekret die Umwandlung des Klosters in ein weltliches adeliges Damenstift. Ihre Familie stiftete dem Kloster 20 000 Taler zur Schuldentilgung und 13 000 Taler als Vermögensrücklage.

1804 wurde das Kloster durch den Reichsdeputationshauptschluss aufgehoben. Freiherr Friedrich Leopold von Fürstenberg-Herdringen erstritt vom Staat, dem das immense Vermögen des Konvents – Oelinghausen galt als reichstes Nonnenkloster im Lande – zugefallen war, die Errichtung eines Kuratbenefiziums. Die Klosterkirche wurde zur Pfarrkirche St. Petri zu Hüsten. 1830 erwarb Freiherr von Fürstenberg das neben dem Kloster liegende Domänengut für 19853 Taler.

1904 wurde Oelinghausen zur Pfarrei erhoben. 1956 übernahmen Mariannhiller Missionare Pfarrei und Kloster. Seit 1992 leben und wirken hier Schwestern der heiligen Maria Magdalena Postel (früher: Heiligenstädter Schulschwestern), einer Ordensgemeinschaft aus Bestwig im Sauerland. Die Oelinghauser Schwestern haben es sich zur Aufgabe gemacht, für Menschen da zu sein, religiöse Angebote zu machen und Wallfahrten zu fördern. Das Kloster ist offen für Menschen, die Orientierung aus der Mitte des Glaubens suchen und die an einem Ort der Stille der Hektik des Alltags entfliehen wollen.

Verschiedene Mariendarstellungen in der Kirche dokumentieren die Marienverehrung Oelinghausens: Unter dem Gewölbe des „Nonnenchores" hängt eine Strahlenmadonna. Auf dem Altar steht eine Pieta aus spätgotischer Zeit und in der Marienkapelle zeigt ein Gemälde aus der Barockzeit die Geburt Jesu. Eine Holzplastik in der Krypta zeigt Maria auf einem Thronsessel, auf ihrem Haupt die Krone, auf ihrem Schoß das Jesuskind. Dieses Gnadenbild von Oelinghausen zieht seit Jahrhunderten die Pilger an. Das schlichte Bild wurde, so vermuten Fachleute, wohl schon im 12. Jahrhundert in Köln geschnitzt und kam später als Geschenk nach Oelinghausen.

Im Mai stehen die Eröffnung der Maiandachten und der Wallfahrten auf dem Oelinghauser Programm. Am 15. August ist die Kräuterweihe ein fester Termin. Dies gilt auch für den ersten Sonntag im Oktober, an dem das Rosenkranzfest mit Sternwallfahrten der umliegenden Gemeinden gefeiert wird. Ansonsten sind individuelle Anmeldungen von Wallfahrten das ganze Jahr über möglich. Wallfahrer, die in Gruppen pilgern, sollten ihr Kommen im Kloster anmelden. Hier erfahren sie Näheres zur Gestaltung ih-res Aufenthaltes. Wer Oelinghausen ansteuert, sollte aber auch etwas Zeit mitbringen, denn den Besuch des Klostergartenmuseums und des eigens angelegten Schaugartens des Museums sollte sich niemand entgehen lassen. Außerdem werden Kirchenführungen, Vorträge und Konzerte angeboten.

Fotos:
a. Die Wallfahrtskirche im Herzen des Sauerlandes.
b. Beeindruckend ist auch das Innere der Kirche.
c. Ein Kruzifix hinter dem Gotteshaus.
d. Das Schild an der Klosterpforte.

Kapelle Heiligenberg
Ovenhausen

Pilger und Wallfahrer kommen ganz schön ins Schwitzen, wenn sie den Anstieg über den alten Weg zur Kapelle auf dem Heiligenberg bei Ovenhausen unter die Füße nehmen. Oben angekommen, schimmert das kleine Gotteshaus, das eine mehr als wechselvolle Geschichte hinter sich hat, fast schüchtern durch das dichte Laub der alten Bäume: von einer Pfarrkirche zur Filialkirche, dann Abstieg zur Kapelle und plötzlich wieder hinauf zur vielbesuchten Wallfahrtsstätte ...

Ursprünglich gründeten im Jahre 1079 zwei Mönche aus dem nahen Kloster Corvey an dieser Stelle, die in der Frühzeit vermutlich eine heidnische Opferstätte war, nach der Gründungsurkunde eine „Basilika" zur Verherrlichung Gottes. Der Benediktinermönch Humbert und der Laienbruder Simon errichteten in Eigenarbeit die kleine Kirche, die von Bischof Poppo von Paderborn am 1. Dezember 1079 geweiht wurde. Pater Humbert wurde erster Pfarrer dieser Kapelle, die dem heiligen Michael geweiht wurde.

Nach dem Kirchenpatron wurde der Berg oberhalb von Ovenhausen ab sofort Michaelsberg genannt. Ab 1203 wechselte der Bergname in „Heiligenberche", in den Namen der Pfarrei, den die Kirche bekam. Diese war damals die zentrale Pfarrei für die Orte Ovenhausen, Bosseborn und Lütmarsen sowie weiterer Ansiedlungen, die heute in diesen Dörfern aufgegangen sind. Als 1595 Ovenhausen und später auch Bosseborn eigene Pfarrkirchen erbauten, wurde das Gotteshaus auf dem Heiligenberg zur Filialkirche zurückgestuft und später in den Rang einer Kapelle abgewertet. Dass sie inzwischen zu einer Wallfahrtskapelle aufgestiegen ist und dadurch ihre „Ableger" wieder im Rang überholt hat, macht sie zu einem Kleinod, das sich seine Ursprünglichkeit bewahrt hat. Nicht zuletzt durch die Tatsache, dass elektrischer Strom auf dem Heiligenberg noch ein Fremdwort ist: Kerzen stehen in zwei Nischen und erleuchten den Eingang. Die Gottesdienste, die hier stattfinden, beispielsweise an Heiligabend um Mitternacht, werden durch Kerzenschein erhellt und vermitteln den Gläubigen ein besonderes Flair.

Trotz der „Rückstufung" zur Kapelle, die neben dem Patrozinium des heiligen Michael seit Mitte des 15. Jahrhunderts auch Maria Salome, die Mutter der Apostel Johannes und Jakobus, als Nebenpatronin hat, fanden auf dem Friedhof neben dem Gotteshaus bis ins 19. Jahrhundert hinein Beerdigungen statt, die allerdings für die Trauernden wegen des Höhenunterschiedes recht beschwerlich waren.

Der Anstieg führt über den alten Prozessionsweg vorbei an fünf barocken Bildstöcken, auf denen die Geheimnisse des schmerzhaften Rosenkranzes dargestellt sind. Bei Wallfahrten wurde nämlich dieser gebetet.

Zur Kapelle finden auch heute noch jährlich drei Wallfahrten statt: am Pfingstmontag und zu Mariä Himmelfahrt sowie am 29. September, dem Michaelstag. Jedes Jahr wird außerdem am Karfreitag den Heiligenbergweg hinauf der Kreuzweg gebetet.

Im Volksmund hält sich die Legende, dass hier auf dem Heiligenberg bereits Wunder geschehen sind, denn die Menschen, die hierher kommen, sind stark im Glauben.

Bei der Kapelle handelt es sich um einen einschiffigen Saalbau mit einer Vorhalle. Gegenüber dem Eingang, der nach Westen liegt, befindet sich auf einer Plattform ein Kreuz, umgeben von Bänken, für Pilger und Wallfahrer zum Ausruhen oder bei Außengottesdiensten als Sitzplätze für die Messbesucher. Ein Teil der Bäume, die die Kapelle einrahmen, sind „Energielinien" wie die drei uralten Linden, die quasi als Wächter der Heiligenberggeheimnisse hier stehen. Das sagt zumindest ein Experte, der sich mit Energiefluss auskennt ...

c

d

Die Heiligenbergkapelle wurde mehrfach renoviert. 1971 wurde bei diesen Arbeiten ein Kästchen mit Reliquien gefunden, die als „Ersatzreliquien" der Kapellenpatrone eingestuft werden.

Die heilige Maria Salome wurde unter den Gläubigen in der Umgebung des Heiligenbergs so sehr verehrt, dass die Pfarrgemeinde von Ovenhausen sie zur Kirchenpatronin erkor. Eine solche Ehrung erfuhr sie nur noch drei Mal: im italienischen Veroli, in Les Saintes de la Mer in Südfrankreich sowie in Santiago de Compostela.

Dass der wiederbelebte Jakobsweg von Corvey über das Ruhrgebiet und Köln zum Apostelgrab in Spanien über den Heiligenberg führt, ist sicherlich kein Zufall.

Im Sommer ist die Kapelle außerhalb der Gottesdienste jeweils sonntags zwei Stunden von 16 bis 18 Uhr geöffnet. Am ersten Sonntag dieser Monate findet von 17.30 bis 18 Uhr eine Andacht statt.

Wer zu anderen Zeiten dort ankommt, kann aber in aller Ruhe meditieren und sich fragen: Was macht dieser Platz mit mir? Das muss allerdings jeder selbst erfahren und er muss sich hier oben auf die Energien einlassen und selbst spüren, ob er Hilfe bekommt. „Hilfe bekommt man mit Sicherheit, wenn man sich nicht selbst quält, sondern sich in Demut versenkt und mit sich selbst eins wird", verrät lächelnd ein Pilger, der in sich gekehrt vor der Kapelle meditiert.

Fotos:

a. Steht an einem Ort, an dem sich ursprünglich eine heidnische Opferstätte befand: die Michaelskapelle auf dem Heiligenberg bei Ovenhausen.

b. Der Altar mit dem Bild des heiligen Michael.

c. Hat Jahrhunderte überdauert: Wappenschild über dem Eingang.

d. Auf dem Seitenaltar: die heilige Salome.

Hoher Dom
Paderborn

Paderborn ist eine besondere Stadt, und zwar eine ganz besondere Stadt: Sie ist das Herz des Erzbistums, Sitz des Erzbischofs und mit einer Kathedrale ausgestattet, die in einem Atemzug mit weltbekannten Kirchen und Domen genannt wird. Sie ist nicht nur die Haupt- und Mutterkirche des Bistums, sie ist eine Wallfahrtsstätte, denn der Paderborner Dom ist zwar nicht über dem Grab eines Heiligen erbaut worden, aber er ist des heute de facto. Hier ruhen die Reliquien des Patrons von Stadt und Bistum: St. Liborius.

Wie Paderborn zu seinem Heiligen, der ein Freund des heiligen Martin war, kam, ist in einem besonderen Kapitel dargelegt. Schon in Le Mans wurde es aktenkundig, dass „Gott bewirkte, dass nach dem Tod von Liborius in seinem Namen an seinem Grabe unzählbare Wunderzeichen durch seine würdigen

Verdienste aufleuchteten: Zahlreiche Blinde erhielten das Augenlicht zurück, Lahme konnten wieder gehen, Aussätzige wurden gereinigt, Taube bekamen ihr Gehör wieder und unüberschaubar viele andere wurden gesund".

Nach der Übertragung der Gebeine nach Paderborn im Jahr 836 setzte sich hier fort, was in Le Mans begonnen hatte: Die Gläubigen versammelten sich am Grab ihres neuen Schutzpatrons. Sie beteten, erbaten Hilfe und erfuhren Gottes Gnade durch Heilung. Seitdem ist der Strom der Wallfahrer und Pilger zu seinem Grab und zur Paderborner Kathedrale nicht mehr abgerissen, obwohl er in manchen Jahren geringer war.

Manchen ist heute aber nicht mehr bekannt, dass Paderborn im frühen und auch im späten Mittelalter das Ziel von Marienwallfahr-

ten war. Die Verehrung galt dem Gnadenbild, der von Bischof Imad gestifteten „Goldmadonna". Sie war als „thronende Gottesmutter" dargestellt: Auf ihrem Schoß war seitlich sitzend Jesus als Knabe, in der linken Hand ein Buch, die Rechte zum Segen erhoben. Zur Fastenzeit wurde damals die fast lebensgroße Skulptur auf den Altar gestellt, die bis 1762 mit Goldblech überzogen war. Während dieser Zeit ruhten sämtliche verliehenen Ablässe in den anderen Paderborner Kirchen. Heute hat diese „Imad-Madonna" nur noch kunstgeschichtliche Bedeutung, die Zeit ihrer Verehrung ist vorbei.

Zur Kirchenhistorie Paderborns: Der erste steinerne Kirchbau Westfalens wurde im Jahr 777 durch Kaiser Karl den Großen in der Paderstadt errichtet. Nördlich des heutigen Doms wurde das Gotteshaus gebaut,

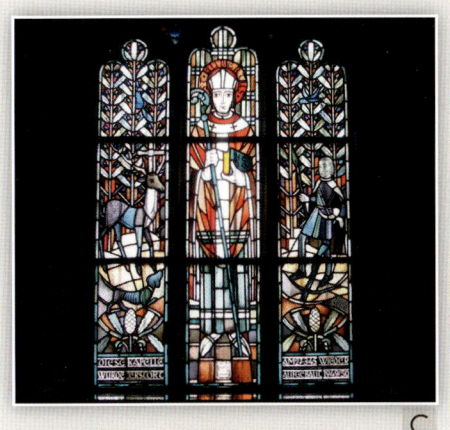

c

d

e

das Christus–Salvator geweiht wurde. In den Folgejahren wurden Nachfolgebauten errichtet und mehrfach erweitert, bis das Großfeuer 1058 das Gotteshaus zerstörte. Bischof Imad baute den Dom größer und verändert wieder auf, etwa 1280 war das Bauwerk vollendet.

Heute präsentiert sich der Dom Wallfahrern und Pilgern wie eine wehrhafte Burg: Der 93 Meter hohe Westturm wird von halbhohen Treppentürmen flankiert. Der Dom wirkt wie ein Garant für Treue und Beständigkeit, sein Mauerwerk ist ein Symbol von Standhaftigkeit und Tradition.

Tradition hat auch die Festfolge während der alljährlichen Libori–Festwoche, die am Samstag nach dem 23. Juli, dem Gedenktag des heiligen Liborius, beginnt und bisher in der Abfolge kaum verändert wurde. Am Libori–Sonntag führt nach dem Pontifikalamt eine Prozession mit dem Allerheiligsten und dem Schrein mit den Gebeinen durch die Paderborner Innenstadt. An den folgenden beiden Tagen stehen Pontifikalämter auf der Festordnung und mit einer Festandacht und der Beisetzung des Schreins mit den Reliquien in der Dom–Krypta geht am Dienstagnachmittag das „Triduum" (drei Tage) des Libori–Festes zu Ende. Aber Schluss ist damit

noch nicht: Die Libori–Woche mit täglichen Bischofsmessen geht bis zum Wochenende, wo ein Pontifikalamt am Sonntag die Libori–Feierlichkeiten beschließt.

Geschichte ist heute das „wundertätige Marienbild" in der früheren "Roms Kapelle" am Rande der Stadt, das heute auf dem um 1744 entstandenen Marienaltar im westlichen Seitenschiff der Markt– oder Universitätskirche steht. Der Marienaltar kam 1961/62 aus der St. Cyriakus–Kirche im sauerländischen Berghausen nach Paderborn als Ersatz für den 1945 vernichteten Altar. Die Skulptur stammt aus der 1465 errichteten „Römischen Kapelle", die bis zu ihrer Zerstörung im 2. Weltkrieg vor den Toren Paderborns in der Bahnhofstraße stand. Dazu gibt es eine Legende: Ein Fuhrmann, der einen Jungen überfahren hatte, trug die Madonna zur Buße bis nach Rom, wo sie der Papst segnete. Auf dem Rückweg nach Paderborn wurde die Skulptur schwer und schwerer und ließ sich schließlich nicht mehr bewegen. Genau an der Stelle, wo sich der Unfall ereignet hatte, wurde sie unbeweglich. Als an dieser Stelle weitere Wunder geschahen, entschlossen sich die Gläubigen, um die Madonna herum eine Kapelle zu errichten, die fortan „Roms Kapelle" hieß. In der Zeit der Gegenreforma-

tion ließ Bischof Dietrich von Fürstenberg die ursprüngliche hölzerne Kapelle durch einen Steinbau ersetzen. 1618 tauchte die zwischenzeitlich verschollene Marienstatue verstaubt auf dem Dachboden der alten Minoritenkirche wieder auf. Die Statue wurde dann ab 1650 bei regelmäßigen Prozessionen zur „Roms Kapelle" getragen.

Regelmäßige Wallfahrten nach Paderborn finden seit Jahren nur noch vereinzelt statt, obwohl zahlreiche Pilgergruppen in die Bischofsstadt kommen. Eine Ausnahme bilden seit einigen Jahren die „Wallfahrten der sechsten Klassen", an denen sich alle Schulen beteiligen, die in kirchlicher Trägerschaft des Erzbistums Paderborn stehen. Mit diesen Wallfahrten kommen über 1000 Kinder Jahr für Jahr in den Dom.

Fotos:

a. Der Hohe Dom im Herzen der Bischofsstadt.

b. Das Innere des Gotteshauses beeindruckt alle Besucher ... (Foto: Thomas Throenle).

c. ... ebenso wie die farbenprächtigen Kirchenfenster.

d. Der Kopf der Jakobusstatue.

e. Die Marktkirche und der Pfau an der benachbarten Schule.

Willkommen am heiligen Ort

St. Joseph
Paderborn–Marienloh

Sie liegt ganz dicht an der Hauptstraße, der ehemaligen Bundestraße 1, und ist trotzdem leicht zu übersehen, denn hohe Lindenbäume verwehren den Blick auf die schmucke Wallfahrtskirche. Im Sommer 2014 wurde in diesem Gotteshaus Marienloh ein doppeltes Jubiläum gefeiert: Vor 120 Jahren wurde die Pfarrgemeinde St. Joseph von Neuenbeken „abgepfarrt" und somit selbständig und vor 80 Jahren wurde auch die traditionelle Wallfahrt nach hier wieder in Gang gebracht.

Auf einen mittelalterlichen Marienkult deutet in Marienloh aber schon der Name des Ortes hin, der ursprünglich Bendeslo, später aber Marienloh hieß. Folglich muss hier eine Marienverehrung bestanden haben und vermutlich auch eine Kapelle mit einem Gnadenbild vorhanden gewesen sein. Wallfahrten und Prozessionen sind zwar wahr-

scheinlich, aber nicht eindeutig nachweisbar. Die alte Kapelle stand auf dem sogenannten „Klockenplatze", dem Glockenplatz. Bischof Rembert führte 1565 diese Kapelle mit ihrem Gnadenbild dem Dekanat des Busdorfstiftes in Paderborn zu. In der Folgezeit haben sich die Dechanten des Stiftes um die Förderung des Marienkultes in Marienloh verdient gemacht. Marienloh wurde Wallfahrtsziel. Wegen Baufälligkeit wurde die alte Kapelle dann 1678 abgebrochen, aber sofort durch eine neue ersetzt und zwar nach dem Vorbild des Heiligen Hauses in Loreto. Deswegen wurde der Neubau spontan von allen Loretokapelle genannt. Die Kapelle wurde im Auftrag des Fürstbischofs Ferdinand von Fürstenberg am 1. August 1680 eingeweiht durch den berühmten, inzwischen selig gesprochenen Weihbischof Nikolaus Steno.

Nun setzten auch wieder verstärkt die Wallfahrten nach Marienloh ein. Der Dechant des Busdorfstiftes, Theodor Holter, richtete 1714 an Papst Clemens XI. die Bitte, dieser Kapelle für den 10. Dezember die Messe von der Übertragung des Heiligen Hauses in Loreto zu genehmigen, da die Kapelle nach dessen Vorbild erbaut sei und besonders an Marienfesten fleißig besucht werde. Zu dieser neuen Loretokapelle ging von der Pfarrei Neuenbeken, zu der Marienloh bis 1894 gehörte, am Pfingstdienstag eine Prozession. Wallfahrer aus Paderborn, Schloss Neuhaus und anderen Nachbarorten strömten dann in Marienloh zusammen. Diese Prozession wurde aber in der Aufklärungszeit im Jahre 1785 abgeschafft.

Die im Jahre 1752 durch Stiftung der Maria Theresia von Haxthausen eingeführte

c

d

e

Prozession am Dreifaltigkeitssonntag mit ebenfalls großer Teilnahme aus den Nachbarorten blieb dagegen erhalten und besteht noch heute (an Stelle der Fronleichnamsprozession).

An sieben Samstagen wurde in Marienloh die Andacht von den sieben Freuden Mariens gehalten. Die Verehrung der sieben Freuden Mariens kam in der Zeit der Gotik auf; man verehrte zunächst fünf, dann sieben Freuden, die dann in Hymnen der Zahl nach stiegen bis auf über zwanzig. Das Marienloher Gnadenbild trägt deshalb den Titel „Maria, Mutter der sieben Freuden".

Die Marienloher Kirche ist dem heiligen Joseph geweiht, obwohl in ihr vor allem Maria verehrt wird. Als die Gemeinde 1894 zur Pfarrei erhoben wurde, war nämlich die Verehrung von Joseph sehr beliebt. Seine Figur stammt bereits aus dem 19. Jahrhunderts, ebenso wie die Statue des heiligen Johannes des Täufers, die über dem Taufbrunnen an der Wand hängt. Außerdem befindet sich in der Kirche im gleichen Stil eine Figur, die Jesus Christus als Erlöser der Welt zeigt.

Das Gnadenbild stand ursprünglich in der schon erwähnten Loreto–Kapelle nicht weit von der jetzigen Kirche. Vermutlich ist das Bild von der Paderborner Bildhauerin Gertrud Gröninger geschnitzt worden. Es ist eine Kopie des Gnadenbildes von Loreto in Italien. Dort wird das Haus der Heiligen Familie verehrt. Eine Nachbildung dieses Heiligen Hauses war die oben erwähnte Kapelle in Marienloh, die aber 1855 abgerissen wurde. Das Jahr 1934 wird heute als das Jahr der Wiedergeburt der Wallfahrtstradition gefeiert. Anlass war die Wiedererhöhung des restaurierten altehrwürdigen Gnadenbildes am 9. September. Begeistert schrieb damals die Heimatzeitung: „Der Weg von der linden-überschatteten Kirche bis zum Klockenhof, in dessen früherer Kapelle das Gnadenbild seinen Platz hatte, war von flatternden bunten Fähnchen und grünen Zweigen eingesäumt. Auf diesem Weg zog das Bild unserer Lieben Frau in feierlichem Zug in die Kirche zum neuen Standort. Von Engelchen geführt, von Schützen geleitet. Aus der herbstliche Blütenpracht leuchtete der goldene Mantel. Nach dem Lied ‚Meerstern, ich grüße dich' setzte sich die Prozession , die sich zu einem wahren Triumpfzug gestaltete, in Bewegung."

Noch heute kommen Beter und Beterinnen als Wallfahrer oder Pilger aus der näheren oder weiterer Umgebung nach Marienloh, um vor diesem Bild zu beten. Es führen aber nicht nur viele Wege sternförmig zu diesem alten Wallfahrtsort, in Marienloh gibt es auch eine Besonderheit, die erwähnenswert ist: Auf dem Kirchplatz beginnt direkt vor dem Ausgang der Wallfahrtskirche ein leider nicht mehr durchgängig beschilderter Wallfahrtsweg, dessen Zeichen den Gläubigen über 5,5 Kilometer bis zum erzbischöflichen Dom nach Paderborn begleiten.

In den letzten Jahren hat sich die Marienloher Wallfahrtskirche für die Wallfahrer neu herausgeschmückt. Die absolute Krönung der Erneuerungsarbeiten ist das neue Deckenbild, ein 80 Quadratmeter großer kreisrunder Himmel, der vom Kirchengrund aus nur als Ellipse fotografiert werden kann. Geschaffen hat dieses Kunstwerk, das einen Durchmesser von 10 Metern hat, der Berliner Künstler Peter Schubert.

Fotos:

a. Die St.–Joseph–Kirche an der Hauptstraße.

b. Der Hochaltar mit dem Kreuz.

c. Der Marienloher Marienaltar.

d. Das neue Deckengemälde.

e. Startpunkt des gezeichneten Wallfahrtsweges.

Mariä Himmelfahrt
Pömbsen

„In Pömbsen ist jeder Christ über 350 Meter näher am Himmel", sagen sich seit vielen Jahren die Wallfahrer, die sich auf den Weg zu der Kirche in dem kleinen Bergdörfchen im Kreis Höxter machen. Wallfahren und Pilgern hat hier schon lange Tradition und der Schriftsteller Augustin Wibbelt reimte einst:

„Es führt ein Weg den Berg hinunter,
schnurstracks zum Ziele und bequem.
Mit Pömbsens Pfarrer läuft's sich munter.
Auch plaudert er recht angenehm."

Geschrieben hat es der Dichter offenbar bei der Rückkehr von einer Wallfahrt, denn die Pfarr– und Wallfahrtskirche Mariä Himmelfahrt liegt an der höchsten Stelle des alten Dorfkerns.

Pömbsen zählt zu den ältesten Pfarreien im Bistum Paderborn. Als Gründungsjahr wird 1015 vermutet, Muttergemeinde ist St. Marien in Steinheim. Das heutige Gotteshaus stammt aus dem 17. und 18. Jahrhundert. 1687 wurde das Kirchenschiff vollendet, der Chor stammt aus dem Jahr 1678 und der Westturm ist von 1719. Die heutige Kirche ist der dritte sakrale Bau an dieser Stelle. Der Grundstein der heutigen Kirche wurde 1935 an einer Türschwelle zur Sakristei beim Bau einer Heizung tief im Boden entdeckt. Dieser Grundstein wurde 1681 von dem Paderborner Generalvikar Laurentius von Dript gelegt.

Der barocke Hochaltar mit Säulenaufbau ist eine Stiftung aus dem Jahr 1708 von Heinrich Diederich von Ketteler und seiner Ehefrau Maria Theresia Helena von Droste zu Erwitte. In der Altarmitte prangt ein Gemälde, das Mariä Himmelfahrt darstellt. Die Statuen daneben stellen links die heilige Luzia und rechts die heilige Agatha dar. Engel umrahmen den Altar und die Darstellungen, die eine Taube als Sinnbild des Heiligen Geistes sowie links den heiligen Joachim mit der kleinen Maria und rechts den heiligen Antonius zeigen. Gekrönt wird der Altar von der thronenden Gottesmutter, auf deren rechtem Knie die Weltkugel und auf dem linken Gegenstück der stehende Jesus platziert sind. Gemeinsam halten Mutter und Kind das Zepter.

c

Den Hochalter umgeben die Statuen der Heiligen Liborius und Martin von Tours. An den Pfeilern der Nordwand erinnern die Heiligen Vitus und Nepomuk an Pömbsener Filialkirchen.

Die alte Glocke hat im Kirchgarten einen würdigen „Altersruhesitz" gefunden. In einer kleinen Grotte können Gläubige hier zu einer weißen Madonna beten.

Ziel vieler Wallfahrern ist auch die Kluskapelle (Johanneskapelle) auf dem Klusberg, ein einschiffiger Bau mit Dachreiter und Kreuzgewölbe, der der Mutter Gottes und dem heiligen Johannes der Täufer geweiht wurde.

Seit Jahrhunderten ist dieses kleine Gotteshaus Ziel zahlreicher Wallfahrten aus dem gesamten Umkreis.

Die Kapelle wurde 1687 auf Initiative von Pfarrer Christoph Gramer errichtet. Die Ausstattung des einschiffigen Baus besteht aus einem Altärchen und einer überlebensgroßen Figur des gekreuzigten Jesus Christus, von den Gläubigen wegen der Ausmaße „Großer Herrgott" genannt. Das dagegen äußerst klein erscheinende Altärchen wird von den Statuen der Heiligen Walburga und Johannes Nepomuk umrahmt.

Vor dem Altar befindet sich die Johannesschüssel aus dem Jahr 1830. Das dreimalige Tragen der Schüssel um die Kapelle herum sollte der Legende nach die Träger vor Kopfweh schützen und dasselbe sogar heilen. Am 5. Juni 1905 schlug ein Blitz in die Kapelle ein und zertrümmerte den Türbogen. Aber die Wallfahrer hielten der Kapelle die Treue. In der Zeitung „Aus dem Nethegau" stand damals nachzulesen: „Tausende fromme Pilger sind hinaufgewallfahrtet, um in den Leiden des Lebens Trost und Stärke bei dem kreuztragenden Christus zu finden und den Vorläufer des Herrn zum Fürsprecher zu haben."

Pömbsen ist eine der Gemeinden im Erzbistum, die eine Reliquie des Heiligen Kreuzes besitzt. Aufzeichnungen aus dem Jahr 1548 lassen auf eine alte Kreuzverehrung schließen. Geschichtlich sicher bezeugt ist der „Pömbser Ablass", den Wallfahrer am Tag der Kreuzauffindung erlangen konnten. Leider wurde die Pömbser Kreuzreliquie zweimal geraubt. Anfang des 17. Jahrhunderts raubten holländische Soldaten das kostbare Stück. Fünfzig Jahre später erhielt die Gemeinde ein neues „Kreuzstück", das aber in der Nacht vom 18. auf den 19. November 1882 zusammen mit heiligen Gefäßen gestohlen wurde. Aber auch dieser Schaden wurde behoben: Bischof Laurent von Aachen stiftete der Gemeinde einen neuen Kreuz-partikel, der heute in der Pfarrkirche aufbewahrt wird.

In der Chronik des Dorfes steht, dass an jedem Karfreitag seit der Mitte des 18. Jahrhunderts ein Passionsspiel neben der Kirche aufgeführt wurde. Aus ihm hat sich vermutlich die Kreuztracht entwickelt, die noch heute Jahr für Jahr durch das Dorf zieht. Die zweite Prozession wird am Fest Kreuzerhöhung (14. September) gegangen.

Fotos:

a. Die „steinerne Gottesburg" von Pömbsen: die Pfarrkirche an der höchsten Stelle des alten Dorfkerns.

b. Die alte Glocke hat draußen neben dem Friedensmahner einen Platz gefunden.

c. Der Hochaltar.

d. Die wuchtige Eingangstür zum Pömbsener Gotteshaus.

e. Im Nebel: die Kluskapelle (Johanneskapelle) auf dem Klusberg.

d

e

Willkommen am
heiligen Ort

St. Johannes Baptist
Rietberg

Diese Stadt hat gleich zwei Quellen für Wall-fahrten, von denen eine allerdings heute in Vergessenheit geraten und versiegt ist: In der Wallfahrtskirche St. Johannes Baptist soll sich 1758 eine Nachbildung des Gna-denbildes von Maria Zell in der Steiermark befunden haben, die der Rietberger Pfarrer Johannes Schürkmann für die Pfarrkirche erstanden und feierlich für die öffentliche Verehrung aufgestellt haben soll, zunächst auf dem Hochaltar, später 1766 auf dem Altar im rechten Seitenschiff auf dem Ma-rienaltar unter dem Titel „Maria, Zuflucht der Sünder". 1759 wurde für diese Vereh-rung sogar eine eigene Andacht eingeführt und bis 1773 wurde dieser Altar auf Kosten des Pfarrers neu dekoriert. Die neue Andacht erfolgte „zu Ehren der gnadenreichen, jung-fräulichen Mutter Gottes in ihrem wundert-hätigen Bildniß Maria Zell, wie solche in der Haupt-Pfarrkirche zu Sanct Johann Baptist in der Stadt Rietberg des Samstags Morgens um 8.00 Uhr bey ausgesetztem Hochwür-digsten Altars-Sacrament wird gehalten

96

werden." Die Druckerlaubnis für diese Andacht erfolgte 1759 vom Generalvikariat zu Osnabrück. Der Marienaltar mit dem Gnadenbild wurde 1802 restauriert.

Heute ist im Pfarrbüro Rietberg und auch im Archiv der Stadt nichts mehr von der ehemaligen Maria–Zell–Verehrung bekannt. Aber Alexander Kuhne weist in seinem Buch „Wallfahrtsstätten" auf die heute nicht mehr nachweisbare Maria–Zell–Verehrung in Rietberg hin.

Belegt und nachweisbar ist aber die Verehrung von Johannes Nepomuk, von dem Rietberg eine historische Statue besitzt und auch über eine Kapelle verfügt, zu der regelmäßig Nepomuk–Prozessionen von der Pfarrkirche aus durchgeführt werden.

Die Johanneskapelle wurde auf historischen Boden errichtet: An diesem Ort der Rietberger Feldmark vor Jahrhunderten zu Gericht gesessen. 1353 wurde hier ein Freistuhl errichtet, außerdem steht hier die Huldigungslinde, an der die jeweilige Landesherrschaft die Huldigungen der Rietberger Bevölkerung entgegen nahm.

Als wahres Kleinod der Kapellenbaukunst des 18. Jahrhunderts präsentiert sich dieses kleine Gotteshaus heute dem Betrachter, obwohl es sein jetziges Aussehen erst bei der letzten Restaurierung im Jahr 1979 bekam, als der ursprüngliche Backsteinbau verputzt und in strahlendem Weiß angestrichen wurde.

Vor dem Kapellenbau war bereits 1723 die Johannes–Nepomuk–Statue errichtet worden. Am 3. Oktober 1747 wurde der Grundstein für die Kapelle gelegt. Bereits am 19. Mai 1748 nahm der Osnabrücker Weihbischof Johann von Hoerde im Rahmen einer Firmreise die Weihe der noch nicht ganz

c

d

fertiggestellten Kapelle vor. Erst vier Jahre später wurde über dem Portal das wuchtige Allianzwappen Kaunitz – Ostfriesland – Rietberg angebracht, das auf die Stiftung durch die gräfliche Familie verweist. Die Rietberger Kapelle ist den wertvollsten sakralen Bauwerken dieser Epoche in Westfalen an die Seite zu stellen.

Die Stuckreliefs über den drei Türen, die Glaube, Liebe und Hoffnung symbolisieren, stammen von Johann Heinrich Föhr, sollen. Die Rietberger Kapelle wird dem böhmisch–fränkischen Barock zugerechnet. Der Autor der Baupläne ist nicht bekannt. Die Formensprache reagiert jedoch auf Baumaßnahmen am Stammschloss der gräflichen Familie Kaunitz–Rietberg im mährischen Austerlitz.

1822 wechselte mit der Standesherrschaft Rietberg an die Kaufmannsfamilie Friedrich Ludwig Tenge auch die Johanneskapelle den Besitzer. 1999 übertrug die Familie Tenge-Rietberg diesen historischen sakralen Besitz der Stadt Rietberg. Diese überließ der örtlichen Kirchengemeinde die sakrale Nutzung des Gotteshauses. So werden weiterhin Gottesdienste und Messen in der historischen Kapelle gefeiert. Von Mai bis September findet jeweils dienstags um 19 Uhr eine Messe

statt. Auch die Wallfahrttradition, für die es für das Jahr 1726 einen ersten Nachweis gibt, wird fortgesetzt: Die traditionelle Nepomuk–Prozession zur Statue und Kapelle am Sonntag nach Pfingsten nimmt ihren Anfang an der Pfarrkirche St. Johannes Baptist und führt über den sogenannten Johannesweg. Der Prozessionsweg ist Teilstück der alten Landstraße nach Delbrück. Sie empfing den Namen Johannesweg mit der Errichtung von sieben Bildstöcken im Jahre 1749, die Szenen aus dem Leben des böhmischen Heiligen Johannes Nepomuk zeigen.

Wallfahrer und Pilger, die Rietberg besuchen, sollten es nicht versäumen, den Drostengarten und den Klostergarten des ehemaligen Franziskanerklosters zu besichtigen. Auch ein Spaziergang durch den nahe gelegenen Gartenschaupark ist zu empfehlen.

Fotos:

a. Die Wallfahrtskirche St. Johannes Baptist in der Altstadt.

b. Im Inneren findet der Wallfahrer Ruhe und Andacht.

c. An der Kapelle endet die jährliche Nepomuk–Prozession.

d. Der Altar der Johannes–Kapelle.

Kapelle Wilzenberg

Schmallenberg

Sie ist die Krönung des „Heiligen Berges" des Sauerlandes: Die Wallfahrtskapelle unterhalb des weithin sichtbaren Gipfelkreuzes auf dem 658 Meter hohen Wilzenberg.

Schon zu Beginn des 16. Jahrhunderts muss hier eine kleine Kapelle gestanden haben, denn in der Grafschafter Klosterrechnung taucht seit dem Jahr 1508 ein „Bruder auf dem Wilzenberg" auf, der als Einsiedler wohl eine Klause in der Nähe der heutigen Kapelle bewohnte. Er lebte von den Almosen der vorbeiziehenden Pilger, denen er in der im Jahr 1543 erstmals erwähnten Kapelle Unterkunft gewährte. 1626 ließ Abt Gabel Schaffen von der Grafschafter Abtei auf dem Wilzenberg ein Gipfelkreuz errichten und baute sechs Jahre später, mitten im 30-jährigen Krieg, auch eine neue Kapelle, die er der Gottesmutter Maria weihte. 1755 wurde

sie auf die heutige Größe um- und ausgebaut, denn der alte Kapellenbau war zu baufällig geworden. 1773 erfolgte ein erneuter Umbau, dem zuletzt 1914 eine Erweiterung folgte.

Die Innenausstattung der heutigen Kapelle stammt überwiegend aus dem 17. und 18. Jahrhundert. Die Marien-Holzstatue mit dem barocken Altar wurde 1672 angefertigt. Aus dem Jahr 1757 stammen die beiden Statuen des heiligen Josef auf der rechten und der „Schmerzensreichen Mutter" auf der linken Seite in den Wandnischen neben dem kostbaren Altar. Beide Statuen wurden, wie sich den lateinischen Schriftzeichen der Chronogramme entnehmen lässt, im Jahr 1757 angefertigt. Auffallend ist, dass hinter den Häuptern Jakobsmuscheln sichtbar sind. Ein deutliches Zeichen für die Pilgervergangenheit des „Heiligen Berges".

Die Seitenwände der Kapelle werden von zwei Statuen geschmückt. Rechts ist der heilige Antonius von Padua zu sehen, links der heilige Franz Xaver.

Zwei hölzerne Schnitzwerke am Altar vervollständigen die „Heiligenversammlung": Johannes der Täufer residiert links und die heilige Magdalena posiert auf der anderen Seite. Bei den letztgenannten Werken handelt es sich allerdings um Nachbildungen aus dem Jahr 1986. Die Originale aus dem Jahr 1672 wurden 1974 von Unbekannten gestohlen.

In der Kapelle befanden sich früher auch drei wertvolle Ölgemälde mit Darstellungen der Vermählung bzw. Krönung Marias sowie der Anbetung des heiligen Sakraments, die alle aus dem Jahr 1757 stammen. Zwei von ihnen wurden nach 1945 in die Pfarrkirche

c

d

e

von Grafschaft verlagert und dort später im Altarraum aufgehängt.

Im Jahr 1773 wurde die Wallfahrtskapelle um einen Kreuzweg erweitert, der auf einem Rundweg über die Bergspitze verläuft. Er besteht aus 14 Stationen und ist ein Werk des Grafschafter Baumeisters Josef Singer.

Hinter der Marienkapelle wurde in den Jahren 1937/38 eine Grotte in den Fels geschlagen, in die eine Sandsteinfigur des Heiligen Antonius von Padua postiert wurde. Noch heute entzünden die Wallfahrer und Pilger hier zahlreiche Kerzen. Drei Kreuze hinter der Kapelle runden als das Ende des Kreuzweges das Ensemble auf dem Wilzenberg ab. Die Geschichte des „Heiligen Berges" indes beginnt viel früher: Nach Gründung der Benediktiner-Abtei in Grafschaft im Jahre 1072 durch Erzbischof Anno II. von Köln erhielt dieser von einer Edelfrau Chuniza und ihrem Sohn Thimo ein Gebiet im Sachsenlande, „Grascap" genannt. „Grascap" ist das heutige Grafschaft, Ausgrabungen von Waffenfunden im Jahre 1950 (Eisenschwerter und Speerspitzen) sprechen dafür, dass die ältere Wallburg weit über 2000 Jahre alt ist.

Die traditionellen Wallfahrten zum Wilzenberg mit seiner Kapelle beginnen jedes Jahr am 7. Mai. Der Tag, an dem 1972 das heutige Bergkreuz errichtet wurde. Ein Gottesdienst in oder rund um die Kapelle ist der Auftakt zur sogenannten „Heimsuchungswoche", dem Höhepunkt der Wallfahrtszeit. Am Sonntag nach Maria Heimsuchung (2. Juli) ist der Wilzenberg bis zum folgenden Sonntag Treffpunkt für Wallfahrer und Pilger. Das Wallfahrtsjahr endet am Tag von Maria Himmelfahrt (15. August) oder dem darauffolgenden Sonntag.

Die Verehrung für den heiligen Antonius findet Ausdruck in den Wilzenberger Antoniustagen: An neun Dienstagen nach dem Antoniusnamensfest am 13. Juni finden in der Marienkapelle Gottesdienste statt.

Zu Christi Himmelfahrt steht für die Gläubigen der Gemeinde Sankt Alexander in Schmallenberg traditionell eine feierliche Prozession zum Wilzenberg auf dem Gottesdienstplan. Am Sonntag nach Pfingsten versammeln sich die katholischen Christen aus Grafschaft zur Dreifaltigkeitsprozession zum

Wilzenberg über den Kreuzweg. Seit 1963 steht alle drei Jahre die Kreisschützenwallfahrt zum Wilzenberg auf dem Schießplan, die vor 50 Jahren vom damaligen Pfarrer von Grafschaft initiiert wurde und an der Abordnungen aller Schützenvereine aus dem gesamten Altkreis Meschede teilnehmen.

Fotos:

a. Drei Kreuze stehen oberhalb: Die Wallfahrtskapelle auf dem Wilzenberg.

b. Der historische Altar stammt aus dem 17. Jahrhundert. Die Wände der Kapelle sind nach innen geneigt.

c. Statue des heiligen Jakobus.

d. Der heilige Antonius von Padua mit einer Pilgermuschel hinter dem Haupt.

e. Auch sehenswert: die Kapelle Winkhausen am Fuße des Wilzenbergs.

Willkommen am
heiligen Ort

Gnadenkapelle Eremitage Siegen

Im Mittelalter stand, allerdings nicht an dieser Stelle, im Zentrum des Siegerlandes ein Kapellchen, das „Unserer lieben Frau auf der Heyden" geweiht war. Für Wallfahrer und Pilger war die kleine Kirche ein beliebtes Ziel. Heute noch wird die jetzige „Eremitage", die zur Siegener Mutterpfarrei St. Marien gehört, von Pilgern und Wallfahrern angesteuert.

Als 1530 Wilhelm der Reiche alle Wallfahrten strikt untersagte, sie als „unordentlich Gelauf" bezeichnete, verfiel die kleine Kirche auf dem Marienfeld, die sich auf der Wilnsdorfer Seite des Berges zwischen Rödgen und Oberdielfen befunden hatte und vor deren Bau der Bürgermeister von Siegen eine große Kerze mit dem Bild „Unserer Lieben Frau auf der Heyden" an eben diese Stelle getragen haben soll.

Doch im Jahr 1684, als der katholische Fürst Johann Moritz Desideratus an der Regierung war, bauten Jesuiten eine neue, heute noch vorhandene Gnadenkapelle. Und sie sorgten vor: Zum Schutz vor Zerstörung und für die Seelsorge der Wallfahrer und Besucher des kleinen Gotteshauses bauten sie eine Klause für einen Einsiedler direkt nebenan, der ständig präsent war. Schon bald kam in der Bevölkerung der umliegenden Dörfer der Name „Eremitage" für die Gesamtanlage auf, der sich bis heute gehalten hat.

Wie viele Wallfahrer und Pilger seit jenen Tagen den Berg erklommen haben, um Gott näher zu sein und die „Schmerzhafte Mutter" um ihre Fürbitte anzuflehen, ist von niemandem gezählt worden. Aber es sind mit Sicherheit Millionen gewesen, die zu der vier Kilometer außerhalb von Siegen gelegenen Wallfahrtsstätte gekommen sind.

In den seit der feierlichen Weihe immer wieder neu herausgegebenen Wallfahrtsbüchlein, das letzte stammt aus dem Jahr 1998, können die Besucher auch viel von der Geschichte dieses besonderen Ortes nachlesen. Jesuitenbruder Anton Hülse, der einige Jahre später auch die Pfarrkirche St. Marien konzipierte, hatte im Auftrag des damals in Siegen ansässigen Jesuitenkollegs die Gnadenkapelle entworfen und ihre Fertigstellung überwacht. Unter der Kuppel des kleinen Gotteshauses befindet sich das Grab des 1703 verstorbenen letzten katholischen Erbprinzen Franz Joseph, dem Sohn des Fürsten Wilhelm Hyazinth.

c

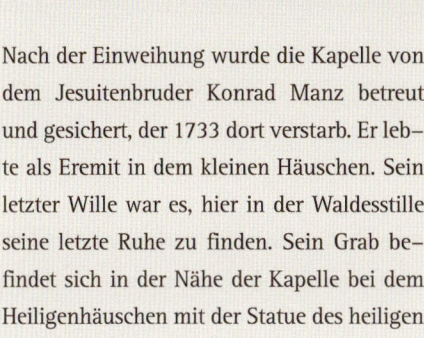

d

e

Nach der Einweihung wurde die Kapelle von dem Jesuitenbruder Konrad Manz betreut und gesichert, der 1733 dort verstarb. Er lebte als Eremit in dem kleinen Häuschen. Sein letzter Wille war es, hier in der Waldesstille seine letzte Ruhe zu finden. Sein Grab befindet sich in der Nähe der Kapelle bei dem Heiligenhäuschen mit der Statue des heiligen Ignatius von Loyola.

Aus der Eremitenklause neben der Kapelle wurde im Laufe der Jahre die Sakristei. Später wurde für die Wallfahrer und Pilger eine Pilgergaststätte angebaut, die ab 1953 für die Klarissenschwestern als Kloster diente, bis 1966 ein neues Kloster in unmittelbarer Nähe errichtet wurde. In der ehemaligen Pilgergaststätte und dem Nebengebäude ist seit dem Herbst 1993 eine Tagespflegestätte für Senioren untergebracht, die vom Caritas-Verband getragen wird.

Die Wallfahrtsanlage hinter der kleinen Kirche mit dem sogenannten „Siegener Kreuzweg" wurde in den 30er Jahren des vergangenen Jahrhunderts erbaut. Die Kreuzwegstationen entwarf der Künstler Hermann Kissenkötter aus Münster. In diese Wallfahrtsanlage sind auch die Gräber des 1960 verstorbenen langjährigen Pfarrers von St. Marien, Wilhelm Ochse, und seiner Mutter integriert worden. Pfarrer Ochse hatte sich während seiner Amtszeit um die Eremitage besonders bemüht und nach seiner Pensionierung dort gelebt.

Im 2. Weltkrieg brannte die Kapelle vollständig aus. Der jetzige Barockaltar der Gnadenkapelle stammt aus dem Jahr 1736. Ursprünglich zierte er einen Seitenbereich des Klosters Dalheim bei Paderborn. Nach der Säkularisation stand er im Gotteshaus der Herz–Jesu–Gemeinde in Brackwede. 1961 wurde er für die Eremitage gekauft. Das Altarbild zeigt den Tod des heiligen Joseph dar. Die Pieta ist eine Arbeit der Düsseldorfer Künstlerin Else Hoffmann. In der Kuppel der Kapelle sind die vier Evangelisten verewigt.

Am Karfreitag und am Sonntag nach Mariä Heimsuchung (2. Juli, dem Patronatsfest der „Eremitage") führen Prozessionen von Siegen die vier Kilometer zur Eremitage hinauf, um im Freien eine heilige Messe zu feiern. Auch die KAB–Familien–Wallfahrt des Dekanates Siegen zur Eremitage im Mai ist Tradition. Noch heute wird an jedem Donnerstag um 15 Uhr in der Eremitage eine Wallfahrermesse gefeiert.

Heute führt einer der neugezeichneten westfälischen Jakobswege direkt an der Kapelle vorbei, so dass jetzt neben Wallfahrern auch zahlreiche Jakobspilger den Weg zur Kapelle finden.

2013 wurde erstmalig seit Jahrzehnten der traditionelle Bittgang zu den Stationen der „Sieben Schmerzen Mariens" auf dem Prozessionsweg zur „Eremitage" wieder eingeführt. Künftig soll dieser Bittgang einmal im Jahr um den 15. September herum stattfinden. Denn die Wallfahrtskapelle versteht sich auch heute als ein Ort der Einkehr und Besinnung „für Menschen, die auf dem Weg sind" …

Fotos:

a. Mitten im Wald, aber unmittelbar an der Bundesstraße 54 liegt die Gnadenkapelle „Eremitage".

b. Der Altar prägt das Innere des kleinen Gotteshauses.

c. Ein Denkmal erinnert an die gefallenen Gläubigen in den Weltkriegen.

d. Hinter der „Eremitage" ist Platz für ein Hochamt im Freien.

e. Einladung an Pilger, ihre Klage Jesus am Kreuz zu sagen.

Johannes Evangelist
Stockkämpen

Stockkämpen ist ein Kleinod unter den ost-westfälischen Wallfahrtsorten. Pilger und Wallfahrer, die hierher wollen und den Namen des kleinen Fleckens in ihr Navigationsgerät eingeben, werden diesen Ort aber kaum finden. Aber wer sich darauf besinnt, dass Stockkämpen ein „Vordorf" von Hörste ist und dieses wiederum zu Halle gehört, hat eine Chance, wenn er zu „Halle" den Stockkämper Weg hinzufügt. Und dann steht der Wallfahrer plötzlich vor der idyllisch mitten im Wald gelegenen Wallfahrtskirche, die ein Kirchhof mit Mausoleum sowie Gemeinde- und Pfarrhaus zu einem sakralen Ensemble komplettieren.

Ende des 17. Jahrhunderts ist das dem hl. Johannes Evangelist geweihte schmucke Barockkirchlein errichtet worden. Große Schwierigkeiten mussten damals überwunden werden, denn zur Feier von öffentlichen Gottesdiensten war der Religionsrezess aus dem Jahr 1672 notwendig. In Artikel IV hieß es: „Wie nicht weniger sollen den Katholiken zugelassen sein das Exerzitium publicum religionis vor und bei Versmold oder einem anderen den Katholischen anständigen Orte, jedoch dass er den Evangelischen nicht nachteilig sei, einzurichten und auf ihre eigenen Kosten eine Kapelle, Predigerhaus oder Kirche ansonsten zu bauen". Einfacher ausgedrückt: Es darf gebaut werden, wenn die evangelischen Christen nicht beeinträchtigt werden und die katholische Gemeinde die Kosten für alles aufbringt. Und das taten die Stockkämper: Mit finanzieller Unterstützung der Freiherren von Schmising auf Tatenhausen und von Wendt auf Holtfeld. Über zwei Jahrhunderte war die Kirche das einzige katholische Gotteshaus im evangelischen Ravensburger Land und im späteren Kreis Halle.

Der kunstgeschichtliche Wert der kleinen Wallfahrtskirche hält sich im Rahmen: Der barocke Hochaltar zierte von Anfang an das Gotteshaus. Der Seitenaltar kam erst etwa 100 Jahre später hinzu. Die Kanzel und der Beichtstuhl stammen aus dem Jahr 1750 und der Taufbrunnen datiert aus dem Jahr 1704. 150 Jahre lang, bis zum Jahr 1848, versahen in Stockkämpen Franziskaner ihren Dienst, dann wurde die Kirche von weltlichen Priestern betreut.

c

d

Dass das sakrale Ensemble im Wald von Stockkämpen mehr als ein idyllischer Betort ist, beweist auch der Bekanntheitsgrad. Bis weit in den Bielefelder Raum hinein reicht die Anziehungskraft der Gemeindekirche, sogar bis weit hinein in das Bistum Müns‒ter, von wo immer wieder kleine und größere Wallfahrtsgruppen den Weg in die Stock‒kämpener Waldeinsamkeit finden. Ein Grund hierfür ist sicherlich auch die Pieta auf dem linken Seitenaltar. „Mutter von gutem Trost" nennen die Gläubigen von Stockkämpen ihr Bild von der schmerzhaften Muttergottes, das sie lieben und verehren wie die vielen Einzelbeter, die auf Wanderungen oder Pil‒gerwegen zu der Kirche kommen. „Mutter von gutem Trost" ist eine hoffnungsvolle Anrede, ein verheißungsvoller Titel ...

Auch Papst Johannes Paul II. hat in einer Ansprache vor Pilgern im Castel Gandolfo die Stellung Marias als Trösterin der Betrüb‒ten bschrieben: „Als mütterliche Trösterin übernimmt Maria die Rolle der heiligen Stadt Jerusalem, von der es bei Jesaja heißt: ‚Saugt euch satt an ihrer tröstenden Brust; in Jeru‒salem findet ihr Trost.'" Diese Mütterlichkeit, so der Papst weiter, komme aus dem Herzen Gottes selbst: „Wie eine Mutter ihren Sohn tröstet, so tröste ich euch, sagt Gott, der reich ist an Erbarmen. Geben wir dieses mütterlich tröstende Erbarmen weiter!"

Höhepunkt der Wallfahrtssaison in Stock‒kämpen ist jedes Jahr die Fronleichnams‒prozession, bei der aus allen sechs zum Pastoralverbund Stockkämpen gehörenden Gemeinden die Gläubigen in die Waldkirche strömen: Rund 800 Teilnehmer feiern rund um das kleine Gotteshaus Gottesdienst unter freiem Himmel.

In jedem Jahr stehen im Monat Mai jeden Mittwoch im Rahmen des Wallfahrtspro‒gramms unter dem Motto „Mutter vom guten Trost" um 18 Uhr heilige Messen zu Ehren der Gottesmutter statt. Zuvor ist Beichtgele‒genheit und anschließend steht jeweils eine stille Eucharistische Anbetung auf dem Got‒tesdienstplan.

Fotos:

a. Mitten im Wald liegt die Wallfahrtskirche.

b. Frische Blumen sind in Stockkämpen selbstverständlich.

c. Der Marienaltar.

d. Der Hochaltar der Wallfahrtskirche.

Willkommen am heiligen Ort

St. Bartholomäus
Verne

Verne ist der älteste Marien-Wallfahrtsort Westfalens und weist seit 1172 ein ununterbrochenes Pilger- und Wallfahrtsleben nach. Heute ist Verne Zentrum des Pastoralverbunds Heder-Gunne-Lippe.

Seit jeher wallfahren die Gläubigen zur „Trösterin der Betrübten". Die bedeutende Wallfahrt aus Paderborn feierte bereits am 17. August 1913 ihr 150jähriges Jubiläum. Aber damals ahnten die Teilnehmer noch nicht, was alles in dem verehrten Gnadenbild in der Pfarrkirche St. Bartholomäus verborgen war. Erst gegen Ende des 20. Jahrhunderts, als die Renovierung des Gnadenbildes unumgänglich war, kamen Dinge zum Vorschein, die die Vorstellungskraft der Verner Geistlichkeit bei Weitem übertrafen. Kein Wunder, dass sich die Gemeinde entschloss,

unterstützt von sachkundigen Autoren, ein fast 500 Seiten starkes Werk aufzulegen, das den beziehungsreichen Titel „Das Gnadenbild von Verne - Unerwartete Erkenntnisse zu einer westfälischen Wallfahrt" trägt.

Wer sich in dieses Werk vertieft, wird nicht nur über die zahlreichen verschiedenen Reliquien staunen, die sich im Innern des Marienbildes verbargen, sondern auch erfahren, dass Bischof Karl-Josef Schulte bei der 150-Jahr-Feier der Paderborner Wallfahrten höchstpersönlich das Gnadenbild gekrönt hat.

In Gesprächen mit Verner Gläubigen erfahren Wallfahrer auch, dass 2013 bereits zum siebenten Mal eine Motorradwallfahrt in ihre Stadt durchgeführt wurde, die auf halbem Wege zwischen Paderborn und Lippstadt

drei Kilometer nordwestlich von Salzkotten liegt. Ziel war nicht die Pfarrkirche, sondern die Kapelle am „Brünneken" (Ausführungen hierzu weiter hinten). Es ist für die Verner Christen Tradition, dass ihre „Wallfahrtsaison" durch einen Vertreter des Dom- und Metropolitankapitels Paderborn eröffnet wird. Start ist die Brünneken-Kapelle, mit dabei ist natürlich das Gnadenbild „Unserer lieben Frau von Verne". 2013 stand auch bereits die 250. Paderborner Stadtprozession, die am Paderborner Dom startet, auf dem Wallfahrtsplan. Zu diesem Jubiläum wurde die neue Schatzkammer der Pfarr- und Wallfahrtskirche Verne eröffnet.

Für Pilgergruppen, die außerhalb der Wallfahrtszeiten nach Verne kommen, wurde 2013 ein spezielles Gebetsheft zu den

C

„7–Freuden–Stationen am Brünneken" erarbeitet und den Pilgern ermöglicht, dort eine Andacht zu feiern. Das Heft ist in der Kirche oder im Pfarrbüro erhältlich.

An jedem Maisonntag findet eine große Prozession mit dem Gnadenbild zur Kapelle „Brünnken" statt, an der bis zu 2 000 Gläubige teilnehmen. Nach einer Predigt im Freien wird das Gnadenbild in die Kirche zurückgeleitet.

Die sieben Bildstöcke aus dem Jahr 1679, die seit 1932 südlich des Weges zur Kapelle stehen, hatten ursprünglich ihren Platz an der Straße zwischen Verne und Salzkotten. Sie wurden vom Paderborner Fürstbischof Ferdinand von Fürstenberg (1661–1683) gestiftet und wurden bei der Kleinen Liebfrauentracht, einer Anfang der siebziger Jahre des vergangenen Jahrhunderts eingestellten Prozession, besucht. Sie sind in der alten westfälischen Tradition der „Sieben Fußfälle" konzipiert.

Die Legende vom Verner Gnadenbild ist in der kleinen Geschichte der „Brünneken–Kapelle" ausführlich geschildert.

Die Verner Wallfahrtskirche, deren Ursprünge bis in das 12. Jahrhundert zurückreichen, ist ein romanisches Bauwerk. Sie verfügt über einen achteckigen Turm mit einem spitzen Helm. Im 14. und 15. Jahrhundert wurde die Basilika der Kirche zu einer Hallenkirche erweitert. Instandsetzungsarbeiten in den Jahren 1655/56 verschafften dem Hauptschiff der Kirche ein barockes Westportal, das in einfacher Form der Liebfrauen–Kapelle des Paderborner Doms nachempfunden ist. Anfang des 20. Jahrhunderts wurde die Verner Kirche um den heute noch vorhandenen neugotischen Chor mit Sakristei erweitert.

Ältestes Stück im Inneren der Kirche ist zweifelsfrei das Gnadenbild „Trösterin der Betrübten", eine 45 Zentimeter hohe aus Weichholz geschnitzte Madonna die auf das erste Viertel des 13. Jahrhunderts datiert wird. Der Paderborner Vizekanzler, Reichshofrat von Vogelius, stiftete 1744 den vergoldeten Thron des Gnadenbildes.

Der Gnadenaltar entstand 1669/70 und wird dem Meister Everhard Flüchting aus Welda bei Warburg zugeordnet. Die beiden Flankenfiguren des Altars, die Johann Echterhoff aus Paderborn geschaffen hat, stellen den Diözesanpatron Liborius und den heiligen Meinolf von Böddeken dar.

Wie groß die Verehrung der „Trösterin der Betrübten" in Verne ist, beweist auch die in der Kirche platzierte Fahne der Schützenbruderschaft von 1171.

Südöstlich der Wallfahrtskirche, umgeben von alten Bäumen, liegt das Brünneken geruhsam am Südrand der Bohmkesiedlung. Ursprünglich soll hier neben einem alten Kreuz ein Rosenstrauch gestanden haben, von dem Ritter Wilhard von Vernede, ein Gefolgsmann Heinrichs des Löwen, einen grünenden Zweig abgeschnitten haben soll, den er mit ins Feld nahm. Er schnitzte daran und es entstand ein Marienbild, das ihm aber kurz vor seiner Heimkehr abhanden kam. Nach seiner Rückkehr ging der Ritter den Weg zum Rosenstrauch und fand genau an der Stelle, wo er vor Jahren den Zweig abgeschnitten hatte, leuchtend hell sein Marienbild wieder. An der Stelle, wo der legendäre Rosenstrauch stand, wurde spätestens im 17. Jahrhundert eine Kapelle errichtet, die „Brünneken–Kapelle", zu der Jahr für Jahr an allen Maisonntagen Prozessionen mit dem Gnadenbild mit Hunderten von Teilnehmern führen. Das kleine Gotteshaus aus Fachwerk war über der westlichen Quelle der Bohmke errichtet worden, der schon lange eine besondere Heilkraft zugeschrieben wurde.

Im Jahre 1851 war das Kapellchen aber derart baufällig und unansehnlich geworden, dass ein Abriss unvermeidbar war und ein Neubau nötig wurde.

Fotos:
a. Die Verner Pfarr–
   und Wallfahrtskirche.
b. Das Kircheninnere.
c. Der Altar mit dem Gnadenbild.

Wallfahrtskapelle Dörnschlade

Wie Ur-Kölner seit vielen Jahren singen, dass sie „Zo Fooss na Kölle john" möchten, so gelobten viele Wendener Christen am Ende des letzten Weltkrieges, dass sie „acht Tage lang mit nackten Füßen zur Dörnschlade pilgern würden", wenn der Krieg sie verschone. Er hat sie verschont und sie sind gepilgert ...

Aber nicht nur damals vor über 60 Jahren stand die kleine Kapelle im Wald zwischen dem Kirchspiel Wenden und den Dörfern Altenhof und Hünsborn im Mittelpunkt des Denkens der Christen aus dem südlichen Westfalen, auch schon zu Beginn des 15. Jahrhunderts bezeugte eine Urkunde die Besonderheit dieser Stätte. Hier stand ein offener Holzbildstock mit einer Statue, die verwitterte und erneuert werden musste. Später, im Jahr 1776, wurde der Wunsch

der Gemeinde, an diesem exponierten Ort eine Kapelle zu bauen, von der Kölner Behörde verhindert. Knapp 100 Jahre später allerdings, im Jahr 1863, wurde der Kapellengedanke Wirklichkeit: Die Finanzierung war gesichert und neben der kleinen Wallfahrtskirche wurde auch eine kleine Klause für einen Einsiedler errichtet.

Aus diesen Anfangsjahren stammt auch der Altar des kleinen Gotteshauses. Den Auftrag zum Entwurf und zum Bau von Kapelle und Klause erhielt der Vater des 1941 verstorbenen Paderborner Erzbischofs Caspar Klein.

Den Altar der Wallfahrtskapelle ziert ein Gnadenbild, das in der Zeit der Renaissance entstanden sein muss: Auf ihrem linken Arm trägt Maria das Jesuskind, das in seiner Linken die Weltkugel hält und die Rechte zum Segnen erhoben hält.

In einem kleinen Faltblatt, das am Eingang den Besuchern die Geschichte und das Anliegen der traditionellen Wallfahrtsstätte vermittelt, heißt es „Möge diese Kapelle mit dem Gnadenbild als sichtbares Zeichen einer im Volk verwurzelten Marienfrömmigkeit weiterhin von der Pfarrgemeinde Wenden gehütet werden zum Heil vieler Trostbedürftiger der näheren und weiteren Umgebung". Für die Kapelle sorgen seit 1866 die Eremiten der benachbarten Einsiedelei, der „Klus". Die über 80-jährige Schwester Gertrud Neuser lebt seit über 30 Jahren auf der Dörnschlade, sie wird von Pilgern und Wallfahrern hochgeschätzt und ist im wahrsten Sinne des Wortes „ein Stück Dörnschlade" geworden. Von ihr stammt diese gereimte Liebeserklärung an die Kapelle:

c

d

e

„Du kleine Kapelle auf Bergeshöh'n,
dicht umgeben von Wald und Wiesengrün,
du kleine Kapelle, in der der Ewige wohnt,
wo Maria mit ihrem Kinde thront.
Wo die Menschen hintragen Kummer,
Leiden und Schmerz,
wo sie fanden Trost und Hilfe
für ihr wundes Herz.
Du kleine Kapelle, du Stätte der Gnade,
wie lieb ich Dich sehr,
erbaut vor langer Zeit von Menschen,
die einst in der Gegend lebten hier.
Die kleine Kapelle,
die manch Wunder gesehen,
lädt dich ein, in Andacht
und mit Vertrauen hier zu knien ..."

„Mit einem Dornbusch fing es an", erzählt
die Eremitin die legendäre Geschichte Dörn-
schlades, als ein Hirte in einem Dornenge-
strüpp ein Muttergottesbild findet, es in die
Wendener Dorfkirche verbringt und das Bild
von dort immer wieder verschwindet, um
im Dornbusch wieder aufzutauchen, bis es

schließlich in einem Heiligenhäuschen seinen Platz findet und dort verbleibt. Heute
steht an dieser Stelle die Kapelle mit etwa 50
Sitzplätzen, zu der Tausende von Besuchern
in jedem Jahr kommen.
Als am 13. November 1864 Pastor Schmidt
in dem kleinen Gotteshaus die erste Messe las, war ein jahrelanges Ringen um den
Standort der Kapelle glücklich zu Ende gegangen. Denn zäh und nachdrücklich hatten
nicht nur die Geistlichkeit, sondern vor allem
auch die Gläubigen darum gekämpft, an dieser Stelle, wo seit Jahrhunderten die Gottesmutter verehrt wurde, eine würdige Gebetsstätte zu schaffen. Das alte Heiligenhäuschen
von 1414, in dem drei Männer gebückt stehen konnten, wäre der Bedeutung der Dörnschlade längst nicht mehr angemessen gewesen. Die Kapelle ist im neugotischen Stil
gebaut, vier Fenster lassen das Tageslicht ins
Innere. Den Altar und eine zwischenzeitlich
gestohlene Madonna schuf ebenfalls Josef
Klein aus Elben, Vater des früheren Erzbischofs.

Fronleichnam, Maria Heimsuchung und
Maria Geburt sind die Hauptwallfahrtstage
zur Dörnschlade. Aber nicht nur Wendener Christen ziehen in Prozessionen auf den
Bergrücken mit der Gnadenkapelle, sondern
auch Christen aus dem Olper und Drolshage-
ner Raum sowie aus dem Siegerland und aus
der Gegend von Kirchen, Wissen, Morsbach,
Friesenhagen und Fischbach.

Fotos:
a. Von Buchen beschützt liegt
   die Wallfahrtskapelle Dörnschlade
   im Kirchspiel Wenden auf einem
   Bergrücken.
b. Der Altar der Kapelle stammt noch
   aus dem Erbauungsjahr 1864.
c. Das Gnadenbild der
   Wallfahrtskapelle.
d. Am Kruzifix hinter der Kapelle
   können Wallfahrer und Pilger auch
   Opferkerzen entzünden.
e. Um Ruhe bittet ein Schild am
   Eingang der Kapelle.

a

b

Marienkirche
Wiedenbrück

Sie hat gleich zwei Patronate, die Wiedenbrücker Marienkirche: Zum einen ist sie der Schmerzensmutter Maria, zum anderen der heiligen Ursula geweiht. Wenn aber heute Wallfahrer oder Pilger in der malerischen Innenstadt Wiedenbrücks Einheimische nach der St.-Ursula-Kirche fragen, ernten sie meistens ratlose Gesichter, denn dieser Name ist in der Stadt an der Ems kaum jemandem geläufig. Eher schon der Name „Paterskirche" oder Franziskanerkirche, denn unmittelbar neben dem gesuchten Gotteshaus liegt das Franziskanerkloster, mit dem dieses durch den Patersbogen direkt verbunden ist. Ein über 50 Jahre altes „Wiedenbrücker Pilgerbüchlein" zeichnet die Orte auf, aus denen Wallfahrten und Prozessionen in den vergangenen Jahrhunderten zur Wiedenbrücker Schmerzensmutter gekommen sind. Nach dieser Chronik sind bereits um 1700 „größere Menschenmassen aus dem Rietbergischen, aus Langenberg, Gütersloh, Stromberg und St. Vit zum Gnadenbild gepilgert". Aufgrund vieler Erhörungen und kleiner Wunder, die sich im Lande herumsprachen, vermehrte sich die Zahl der Gemeinden, die nach Wiedenbrück kamen, sehr schnell. Im frühen 18. Jahrhundert kamen die Gemeinden Liesborn, Wadersloh, Diestedde, Sünninghausen und Rheda hinzu, damals noch unabhängig, heute Teil der Stadt Rheda-Wiedenbrück. 1929 kamen noch weitere Gemeinden hinzu: Herzebrock, Warendorf, Etteln, Lippstadt, Clarholz, Lette und Friedrichsdorf. 1959, das Franziskanerkloster feiert das 1000-jährige Bestehen der Stadt Wiedenbrück mit und bedauert in seiner Festschrift: „Wenn doch die Wallfahrtskirche größer gewesen wäre", denn längst konnte die Marienkirche nicht mehr allen Wallfahrern Platz bieten.

Ursprung und Ziel aller Wallfahrer und Pilger war seit jeher die Wiedenbrücker Schmerzensmutter. Erste Zeugnisse aus dem Jahr 1327 belegen das. Damals schon muss, wo heute die Wallfahrtskirche steht, eine Kapelle existiert haben, „die vor längst vergangenen Zeiten in unserer Stadt Wiedenbrück gegründet und zu Ehren der Heiligen Gottesgebärerin und Jungfrau Maria geweiht war", so das Pilgerbüchlein.

Als Nachfolgerin dieser Wallfahrtskapelle wurde am 7. Dezember 1470 die heutige Marien-, St. Ursula- oder Paterskirche geweiht. Seit 1644 werden die seelsorglichen Dienste in diesem Gotteshaus durch Franziskaner versehen. Ihrem Wirken ist deswegen die Wiedenbrücker Wallfahrtsfrömmigkeit aufs engste verbunden.

Die Pieta der Wallfahrtskirche stammt aus der Zeit um 1500. Die bildliche Darstellung ist beeindruckend: Maria kniet, auf ihrem erhöhten rechten Knie ruht der Leichnam ihre Sohnes, der Kopf der Schmerzensmutter neigt sich dem Gesicht Christi zu. „Es ist diese schlichte, rührende und zugleich starke und fast männliche Beherrschung dieses Schmerzes selten so glücklich gelöst wie hier auf dem Gnadenbild in Wiedenbrück", stellt der Autor des Pilgerbüchleins fest und fragt: „Wer war der Meister eines so hervorragenden Werkes? Keine Schrift nennt bisher seinen Namen, der es doch wert wäre, in der Kunstgeschichte neben Tilmann Riemenschneider oder Hans Leinberger mit Ehren genannt zu werden."

Doch fast noch wichtiger als die künstlerische Qualität ist die dem Marienbild eigene Ausstrahlung auf Wallfahrer und Beter. In der schmerzerfüllten Mutter des Gottessohnes erkennen viele Gläubige ihre eigene Mutter, die die Schmerzen ihrer Kinder trägt. Und deswegen rät auch das Wiedenbrücker

C

Pilgerbüchlein: „Hast du Weh, zur Mutter geh, klag es ihr, dann hilft sie dir!".

Außerhalb der Wallfahrtskirche erinnert ein Gedenkstein an mutige Kolpingbrüder, die im Juni 1933 am Deutschen Gesellentag in München teilnahmen, der von den Nazis massiv behindert und gestört wurde. Sie gelobten damals, als Dank für eine glückliche Heimkehr eine jährliche Nachtwallfahrt zur Schmerzensmutter nach Wiedenbrück durchzuführen.

Hauptwallfahrtszeit ist der Marienmonat Mai und der September mit dem Patronatsfest der Schmerzhaften Mutter am 15. September.

Fotos:
a. Pilger- und Wallfahrten enden in Wiedenbrück in der Marienkirche.
b. Der Marienaltar.
c. Überall ist Maria gegenwärtig, sogar neben der Ausgangstür.

Hl. Walburga
Wormbach

Marienverehrung und Kreuzverehrung prägen die meisten Wallfahrtsorte im Erzbistum Paderborn. Wormbach im Schmallenberger Sauerland ist mit der Verehrung der heiligen Walburga ein echter Exot unter den Wallfahrtszielen. Ziel der Wallfahrer ist seit Jahrhunderten die den Aposteln Petrus und Paulus geweihte Kirche inmitten des schmucken Fachwerkdorfes aus dem frühen Mittelalter, die ursprünglich auch ein wichtiges Missionszentrum für das Sauerland und ein Sammelpunkt für Gläubige von nah und fern war.

Die um 1250 gebaute Kirche ist bereits die 4. Kirche in dem kleinen Dorf Wormbach, welches bereits in vorchristlicher Zeit kultische Bedeutung hatte. Sie ist geprägt von romanischen Fresken, die Apsis und Gewölbe zieren. Unter dem Deckengewölbe sind in Fresko gemalte 12 Tierkreiszeichen, umgeben sind die Zeichen vom Monatsgedicht des Beda Vanerabilis (+ 735). Es beginnt: „Den Anfang des Jahres macht der zum Wendekreis gehörende Steinbock!" Der barocke Altar aus der Werkstatt des Fredeburger Meisters Sinn und die Kanzel aus der Attendorner Werkstatt Sasse wurden im 18. Jahrhundert in die Kirche eingefügt. Durch den Barockaltar hindurch kann man einen Blick auf die Reste der romanischen Ausmalung der Apsis werfen: Christus der Weltenrichter. Die barocke Ausstattung fügt sich harmonisch in das Innere aus romanischer Zeit ein. Sie verleihen dem Kirchenraum einen fast heiteren Glanz.

Im Hochaltar sind nicht alle Heiligengestalten eindeutig zu erkennen. Die Kirchenpatrone Petrus und Paulus sind an Schlüssel und Schwert zu erkennen. Außerdem stehen dort „Benedikt und Scholastika", wie sie oft genannt werden. Heute wird eher vermutet, dass es sich bei der heiligen Scholastika eher um eine Darstellung der heiligen Walburga handelt, nur es fehlt ihr ein typisches Attribut, ein Ölfläschchen. Das Rätsel um ihre leere, vielleicht ehemals gefüllte Hand bleibt ungelöst. Im rechten Seitenschiff ist eine wunderbare Darstellung der Heiligen, die meistens mit zahlreichen Blumen geschmückt ist.

Die Verehrung der heiligen Walburga in Wormbach ist seit 1770 bezeugt. Damals erhielt die Gemeinde eine Reliquie der Heiligen mit dem Hinweis auf ihre eifrige Verehrung. Bei der Errichtung des Hochaltares 1759 wird diese Verehrung gepflegt. Ob Erzbischof Anno II. von Köln, der Gründer des Klosters

d

e

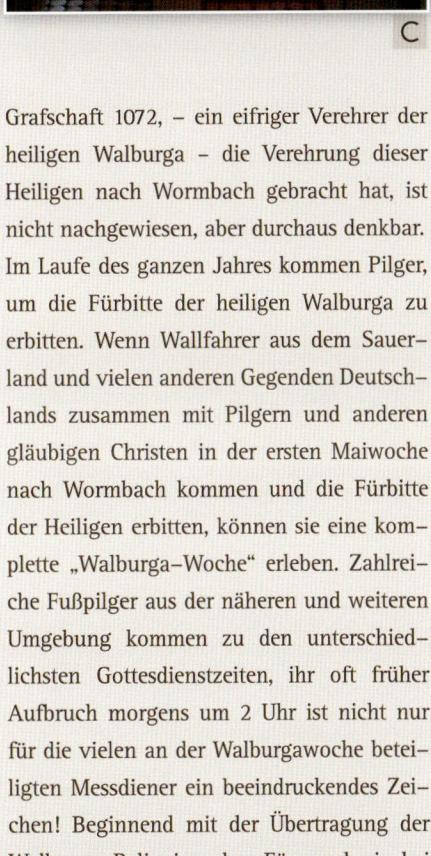

c

Grafschaft 1072, – ein eifriger Verehrer der heiligen Walburga – die Verehrung dieser Heiligen nach Wormbach gebracht hat, ist nicht nachgewiesen, aber durchaus denkbar. Im Laufe des ganzen Jahres kommen Pilger, um die Fürbitte der heiligen Walburga zu erbitten. Wenn Wallfahrer aus dem Sauerland und vielen anderen Gegenden Deutschlands zusammen mit Pilgern und anderen gläubigen Christen in der ersten Maiwoche nach Wormbach kommen und die Fürbitte der Heiligen erbitten, können sie eine komplette „Walburga-Woche" erleben. Zahlreiche Fußpilger aus der näheren und weiterer Umgebung kommen zu den unterschiedlichsten Gottesdienstzeiten, ihr oft früher Aufbruch morgens um 2 Uhr ist nicht nur für die vielen an der Walburgawoche beteiligten Messdiener ein beeindruckendes Zeichen! Beginnend mit der Übertragung der Walburga-Reliquien, der „Fürsprecherin bei Gott", in die Wormbacher Pfarrkirche wird die Vorabendmesse gefeiert. Eine Prozession steht am zweiten Walburga-Festtag auf dem Programm, ehe am dritten Tag der „Allge-

meine Wallfahrtstag" begangen wird. Auch spezielle Tage für die ältere Generation, für Frauen, Großeltern, Eltern und Kleinkinder, alle verbunden mit Gebeten und Andachten, nach denen aber auch das leibliche Wohl nicht zu kurz kommt, runden das Programm ab. Täglich kommen Scharen an Kindergarten- und Schulkindern zur Wallfahrt mit Augensegen und natürlich dem Besuch der begehrten „Maibude". Nach einem speziellen Tag der Kommunionkinder steht erneut ein allgemeiner Wallfahrtstag auf dem Festwochenprogramm. „Das ist jedes Jahr eine Woche mit vielen Gelegenheiten, den Himmel zu spüren", ist Irmtrud von Plettenberg, christliche Wegbegleiterin vom Pfarramt St. Peter und Paul, sicher.

Denn wenn die Gläubigen die Fürsprache der heiligen Walburga erbitten und dabei ihre Augen mit dem aus Eichstätt kommenden speziellen „Walburga-Öl" bestreichen lassen, folgen sie einem alten Brauch und vertrauen auf die Heilung ihrer Beschwerden. Denn darin spiegelt sich auch die Wertschätzung des Öls wider, den Völker der unterschiedlichsten Kulturen dem Öl entgegen bringen. Denn schon in der Bibel, sowohl im Alten als auch im Neuen Testament, wird von der Heil- und Heilungskraft des Öls berichtet. Auch die Salbung, die Christus empfangen hat und an der noch heute Christen durch Taufe und Firmung teilhaben, ist Zeugnis der wunderbaren Kraft des Öls.

Bei einem Rundgang durch die Pfarrkirche ist ein farbiger Kirchenführer ein guter Begleiter. Auch die nähere Umgebung des Gotteshauses ist mit ihrem schlichten Kirchhof mit den einheitlichen Holzkreuzen einen Besuch wert. An den alten Linden, die den Kirchhof einrahmen, sind noch zahlreiche kleine Holzkreuze zu finden, die die Namen von Gefallenen und Vermissten des 2. Weltkrieges tragen.

Ein „Muss" für Wormbach-Wallfahrer ist auch auf jeden Fall der Kreuzweg hinauf zur Kreuzbergkapelle, auch wenn er etwas beschwerlich ist.

Fotos:

a. Die St.-Walburga-Kirche inmitten des Friedhofs mit gleichgestalteten einfachen Holzkreuzen.

b. Heiligenskulpturen schmücken den Hochaltar.

c. Wallfahrer entzünden Kerzen vor der Schutzmantelmadonna.

d. Die Kreuzbergkapelle ...

e. ... hat einen schlichten Altar.

Mein Dank ...

... gilt allen, die mich bei den Arbeiten zu diesem Buch mit Rat und Tat und vor allem mit Aukünften unterstützt haben. Es würde mir schwerfallen, einzelne Namen zu nennen, zu viele nette Menschen haben mir bei meinen Recherchen geholfen und sind mit mir teilweise sogar zu den etwas versteckt liegenden Wallfahrtsorten gegangen und gefahren. Bei allen, denen ich mit meinen neugierigen Fragen auf die Nerven gegangen bin, möchte ich mich in aller Form entschuldigen, ich werde es nie wieder tun ... (... denn das Buch ist ja mittlerweile auch fertig!).

Bedanken möchte ich mich aber vor allem bei meinem Herrgott, bei meiner höheren Macht, die mich an der Aufgabe, dieses Buch zu schreiben, immer wieder wachsen und nicht verzagen ließ, obwohl ich manchmal nahe am Aufgeben war. Aber ich bekam immer wieder die Kraft, weiterzumachen, und das empfand ich als Gnade, wie sie mir nur einer geben kann ... DANKE!!!

Vorbemerkung: Nachfolgend werden Fundstellen aufgelistet, die dem Verfasser bei der Arbeit zu diesem Buch hauptsächlich als Quellen gedient haben.
Allgemein: Wallfahrtsstätten im Erzbistum Paderborn, Alexander Kühne, Bonifatius-Verlag, Paderborn, 1984; Katholische Kirche in Lippe, Augustinus Reinecke, Bonifatius-Verlag, Paderborn, 1983 • Attendorn• – Waldenburgkapelle: Ralf Breer / Otto Höffer, Kirchen und Kapellen in Attendorn, Lennestadr und Kirchhundem, Hrg. Sparkasse Attendorn, Lennestadt, Kirchundem 1999; Annemarie und Herbert Schmaronzer, Wandern und Pilgern auf der Heidenstraß, Bonifatius-Verlag • Bad Lippspringe:Friedenskapelle im Kurwald, Handzettel des Vereins „Friedensquelle"e.V. • Delbrück: Das Hl. Kreuz von Delbrücl, Geschichte und Verehrung, neu: März 2006; Pfarrkirche St. Johannes Baptist, 1. Auflage 2011 • Dortmund – Propstei: Kirchenführer: Propsteigemeinde Dortmund (Hg.): Die Propsteikirche in Dortmund. Zeugnis des Glaubens und Ort der Besinnung, Hagen o. J.] Wege durch die Propsteikirche Dortmund, Flyer • Dörenhagen: Kapelle Hillige sele, Kath. Kirche St. Meinolfus, 2000 • Herford: Kirche und Kirmes, Ursprung von Wallfahrt und Vision, Kath.Kirchengemeinde St. Johannes Baptist, Herfold, 2002 • Kleinenberg: Kleinenberger Wallfahrtsbüchlein „Helferin auf dem Berge", 4. Aufl.2002; Kleiner Führer durch die Kleinenberger Wallfahrtskirche, Aufl. Mai 2001 • Kloster Oelinghausen: Kloster- und Kirchenführer,, Freundeskreis Oelinghausen e.V., o. Jahresa. • Kohlhagen: Kohlhagen, Geheimnis des Ortes, Wallfahrtskirche Kohlhagen, 2. Auflage 2004; Die Pfarr- und Wallfahrtskirche Mariä Heimsuchung Kohlhagen, 1. Auflage 2005 • Medebach: Die Kirchen und Kapellen der Stadt, 2. Aufl. 2004 • Oelinghausen: Kloster Oelinghausen, Kirchen- und Klosterführer, Herausgeber Freundeskreis Oelinghausen e.V. • Ovenhausen: Heiligenberg MXMVII, ein Gang durch die Jahrhunderte, 3. Auflage, Herausgeber Pfarrgemeinde • Paderborn: Sankt Liborius, Hrsg. Günter Beaugrand, Bonifatius-Verlag • Rietberg: Historischer Stadtrundgang, Manfred Beine und K. Herbort, Westf. Kunststätten i:v. Mit NRW-Stiftung • Stockkämpen: 300 Jahre Stockkämpen,Kath. Kirchengem. St. Joahnnes Evangelist,1996 • Verne: Das Gnadenbild von Verne, Unerwartete Erkenntnisse einer westfälischen Wallfahrt, 1997, Selbstverlag/ Wenden: Die Dörnschlade im Wandel der Zeit, Marie-Luise Pfaff, herausgegeben vom Gesamt-PGR Wendener Land • Werl: Werler Pilgerbuch, 2007 Franziskanerkloster Werl; Franziskaner Werl: 150 Jahre Dienst am Wallfahrtsort, FrKl.We.,1999; 350 Jahre Marienwallfahrt Werl, 2011 Bonifatius-Verlag, Paderborn; • Wiedenbrück; Marienkirche und Franziskanerkloster, Paulinus-Verlag, • Wilzenberg: Kloster Grafschaft und der Wilzenberg, Franz Wiethoff 1975

Eine faszinierende Reise durch mehr als 1200 Jahre Architekturgeschichte in Ostwestfalen-Lippe

„Gebaut in OWL" ist ein Kompendium der Architektur in Ostwestfalen-Lippe von der Frühgeschichte bis in die Gegenwart. Die ausgewählten baulichen Highlights bieten einen nahezu vollständigen Überblick über die abendländische Architekturgeschichte. Von den ersten bedeutenden karolingischen und romanischen Bauten in OWL über Gotik, Renaissance und Barock bis zu den beeindruckenden Werken kreativer moderner Architekten nehmen die Autoren den Leser mit auf eine faszinierende Reise durch Ostwestfalen-Lippe und mehr als 1200 Jahre Architekturgeschichte.

„Gebaut in OWL" ist ein Lesebuch der Architektur- und Kulturgeschichte sowie ein Reiseführer für einheimische und auswärtige Touristen. Die beeindruckenden Fotos des Architekturfotografen Stanislaus Kandula machen das Buch zu einem optischen Genuss. Für Liebhaber von Architektur, Kunst und Kunstgeschichte, Heimatfreunde, Touristen und alle, die sich der baulichen Schönheit ihrer heimischen Region verbunden fühlen.

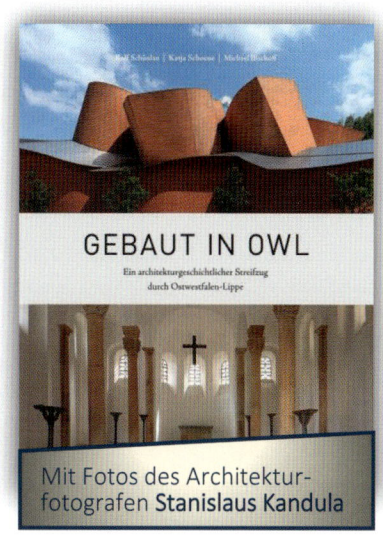

Rolf Schönlau, Studium der Anglistik, Germanistik und Psychologie in Berlin und München, heute tätig als Autor und Schriftsteller sowie seit 2003 als Mitarbeiter im Weserrenaissance-Museum Schloss Brake.

Katja Schoene ist Kunsthistorikerin und Museologin. Nach ihrem Studium in Braunschweig, Berlin und Oldenburg war sie Mitarbeiterin der Stiftung Preußische Schlösser und Gärten Berlin-Brandenburg in Potsdam. Heute lebt sie als freie Autorin in Berlin.

Dr. Michael Bischoff ist Kunsthistoriker und arbeitet am Weserrenaissance-Museum Schloss Brake in Lemgo. Zu seinen Forschungsschwerpunkten zählen die Kunst und Architektur im Weserraum.

Rolf Schönlau / Katja Schoene / Michael Bischoff
Gebaut in OWL

Ein architekturgeschichtlicher Streifzug durch Ostwestfalen-Lippe
235 Seiten.
Durchgehend vierfarbig illustriert.
Gebunden.
ISBN 978-3-89710-586-7

Im Buchhandel erhältlich

Bonifatius GmbH
Druck | Buch | Verlag
Karl-Schurz-Straße 26
33100 Paderborn
☎ 0 52 51 / 153 171
📠 0 52 51 / 153 108
buchverlag@bonifatius.de
www.bonifatius-verlag.de

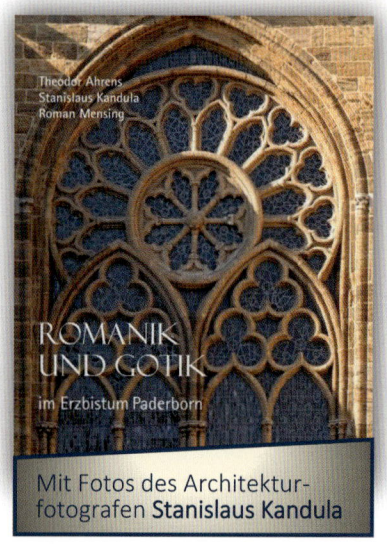